Götz Doyé

Über Wasser gehen - Potsdamer Predigten

AF535361

Götz Doyé

Über Wasser gehen - Potsdamer Predigten

Fromm Verlag

Imprint
Any brand names and product names mentioned in this book are subject to trademark, brand or patent protection and are trademarks or registered trademarks of their respective holders. The use of brand names, product names, common names, trade names, product descriptions etc. even without a particular marking in this work is in no way to be construed to mean that such names may be regarded as unrestricted in respect of trademark and brand protection legislation and could thus be used by anyone.

Publisher:
Fromm Verlag
is a trademark of
International Book Market Service Ltd., member of OmniScriptum Publishing Group
17 Meldrum Street, Beau Bassin 71504, Mauritius

Printed at: see last page
ISBN: 978-620-2-44224-4

Copyright © Götz Doyé
Copyright © 2018 International Book Market Service Ltd., member of OmniScriptum Publishing Group
All rights reserved. Beau Bassin 2018

Über Wasser gehen

Potsdamer Predigten

Inhaltsverzeichnis

Über Wasser gehen

„Und Petrus stieg aus dem Boot und ging auf dem Wasser und kam auf Jesus zu."

Mt 14,24-32

Einmal über das Wasser gehen, sich etwas trauen, was eigentlich nicht geht, neue Erfahrungen mit sich machen in ungewöhnlicher Situation, Widerstände überwinden, die mich binden, frei sein. Einmal die Gebundenheit des Alltags loswerden und andere Erfahrungen mit sich selbst und dem Leben machen: Erfahrung von Loslassen, Freiheit und tiefem Vertrauen ins Leben.

Matthäus erzählt eine solche Geschichte von Mut und Freiheit, von Versagen und Hilflosigkeit und einer großen Zusage. Sie spielt auf dem See Genezareth, der bekannt ist für seine plötzlichen Wetterstürze. Jesus ist wie so oft vom Volk umlagert, nun am Abend möchte er für sich sein. So schickt er seine Jünger im Boot voran auf die andere Seeseite, er will nachkommen, vorher aber zieht er sich zum Gebet zurück. Zum Beten braucht man seine Ruhe.

Die Jünger sind im Boot unterwegs, es ist stürmisch geworden und sie haben Mühe. Da sehen sie Jesus auf dem Wasser.

Aber in der vierten Nachtwache kam Jesus zu ihnen und ging auf dem See. Und als ihn die Jünger sahen auf dem See gehen, erschraken sie und riefen: Es ist ein Gespenst und schrien vor Furcht. Aber sogleich redete Jesus mit ihnen und sprach: Seid getrost, ich bin's; fürchtet euch nicht! Petrus aber antwortet ihm und sprach: Herr, bist du es, so befiehl mir, zu dir zu kommen auf dem Wasser. Und er sprach: Komm her! Und Petrus stieg aus dem Boot und ging auf dem Wasser und kam auf Jesus zu. Als er aber den starken Wind sah, erschrak er und begann zu sinken und schrie: Herr, hilf mir! Jesus aber streckt sogleich die Hand aus und ergriff ihn und sprach zu ihm: Du Kleingläubiger, warum hast du gezweifelt? Und sie traten in das Boot, und der Wind legte sich.

Mt 14,24-32

Einmal über Wasser gehen - Petrus traut sich! Und er macht die Erfahrung: selbst in turbulenten Zeiten (stürmische See), inmitten von Angst:
Ich gehe nicht unter, wenn ich dem Wort von Jesus vertraue.
Am Anfang die gewagte Bitte: Lass mich zu dir kommen, Jesus. Und er vernimmt die Antwort: Komm! Komm her! Da sind die Wellen, der Sturm, das aufgewühlte Wasser – aber er steigt aus dem Boot. Was für ein großes Zutrauen auf Jesu Wort, welche große Zuversicht, dass nichts anderes mehr zählt. Beneidenswert dieses Zutrauen zu Gott – selbst in schwierigen Lebenslagen, sich dennoch auf das Wort Jesu verlassen: Komm! Ich bin da.
Nun stelle ich mir vor: Petrus ist alt geworden, er denkt an die Zeit mit Jesus zurück, als sie noch miteinander unterwegs waren. Jesus ist schon vor Jahren am Kreuz gestorben. Petrus war viel unterwegs, um Menschen von ihm zu erzählen, weil er sich ihnen als lebendig erwiesen hat. Petrus erinnert sich an die Zeit mit Jesus am See. Er kennt diese Begebenheit, die da von ihm erzählt wird in den Gemeinden - aber er weiß es nicht mehr genau, wie das alles wirklich war. Das ist ihm auch nicht wichtig. Eines aber weiß er: die Erfahrungen, die er mit Jesus machte, die haben ihn geprägt und er hat sie immer wieder gemacht als Missionar in Jesu Sachen, als Verkündiger des Evangeliums. Er weiß aus Erfahrungen nach vielen Jahren seines Christenlebens, es ist genau so, wie es in dieser spannenden Geschichte erzählt wird: das Vertrauen zu Jesus hat mich in den schwierigsten Situationen meines Lebens getragen. Aber er weiß auch, dass man dies Vertrauen nicht einfach für immer besitzt. Oft gibt es Lebenssituationen, wo ich zu versinken dro-

he. Ich muss es immer wieder neu wagen, auf Gott zu vertrauen. Wie oft hat Petrus erlebt, dass sich Sorgen breit machen, Angst und Kleinmut groß werden. Dann droht man unterzugehen und es bleibt nur der Schrei: Hilf mir! Wie gut, dass er weiß, dass man so zu Gott schreien kann! Die Psalmgebete sind voll solcher Schreie und am Kreuz hat Jesus zu Gott geschrien – und auch dieser Schrei verhallte nicht ungehört.
Als Petrus merkte, dass sein Leben eben noch nicht himmlisch ist, der Wind ihm ins Gesicht bläst, die Widerstände der Wellen groß werden, da verlässt ihn sein Vertrauen auf die Möglichkeiten Jesu – und er beginnt zu sinken. Doch auch hier die tröstliche Erfahrung: In Jesu Nähe kann man nicht versinken, er reicht die Hand. Der Schrei: Herr, Hilf mir! verhallt nicht im Sturm des Lebens. Und es bleibt nur die Frage: Du Kleingläubiger, warum zweifelst du?

Einmal über das Wasser gehen, einmal frei sein von allem, was uns bindet und beschwert. Ach, ich kann mich gut mit meinen Lebenserfahrungen hinein denken, was von Petrus erzählt wird und was offenbar zum Leben eines Christen gehört: Zeiten voller Vertrauen auf Gottes Güte, Zeiten, wo mir mein Glaube nicht fragwürdig wird und ich jeden Morgen fröhlich sagen kann: Danke Gott für diesen Tag und am Abend Gott loben und danken für mein Leben. Aber dann auch die Zeiten, wo ich das Gefühl habe, keinen Grund mehr unter den Füßen zu haben, zu versinken. Wind und Wellen stehen für alle Gewalten, die gegen mich anrollen können im Leben. In vielen Psalmen werden Wind und Wellen als Symbole für all die Gefahren des Lebens genutzt, die mich untergehen lassen wollen.

Eine Geschichte, die uns nach unseren Erfahrungen als Christen fragt und uns ermutigen will, uns auf die Kraft des Glaubens zu verlassen. Im Gottesdienst haben wir von alter Zeit her den Ruf: Kyrie eleison – Herr, erbarme dich. Das gehört wohl zu unserer Existenz als Christen. Aber auch die Antwort: Ich bin da. Ich hoffe, dass nicht nur Petrus solche Geschichten zu erzählen hat, wo der Glaube ein Halt und eine Stütze waren. Wo Menschen sich getragen gefühlt haben, in guten und in bösen Tagen im Vertrauen auf Jesu Wort: **Sei getrost, ich bin es, fürchte dich nicht!** Und Jesus streckte sein Hand aus und ergriff Petrus und sie waren im Boot. Eine Erfahrung, die Israel mit Gott machte, eine Erfahrung, die Menschen in der Begegnung mit Jesus machten - viele Geschichten erzählen davon.

Was für eine spannende Geschichte, so voller Lebenserfahrungen. Die Evangelisten erzählen diese Geschichten nicht, um Tatsachenberichte wie Reporter zu berichten, sondern um uns zum Glauben einzuladen, zum Vertrauen auf Gottes begleitende Gegenwart. Die Geschichten der Bibel sind Glaubensgeschichten. Die Frage „ist das wirklich so passiert?“ verstellt uns den Zugang, da hören wir an den Geschichten vorbei. Die Frage ist vielmehr: Welche Wahrheit wird erzählt? Was möchte der Erzähler uns sagen, wenn er Petrus über das Wasser gehen lässt? **Erfahrungen unerhörter Freiheit im Vertrauen auf die Gegenwart Jesu!** Und an ihnen können wir teilhaben. Nein, ich kann natürlich nicht über das Wasser gehen. Aber in den Stürmen des Lebens nicht ertrinken, nicht untergehen, wenn es uns schlecht geht und wir nicht wissen, wie wir das überstehen sollen – das können wir im Vertrauen auf Gottes ausgestreckte Hand: Ich halte dich, fürchte dich nicht! Und dann sind wir doch imstande zu ungewöhnlichen Entscheidungen, zu Wegen, die wir uns vorher nicht zutrauten, z.B. dem anderen die Hand reichen, Versöhnung üben, neue Lebensmöglichkeiten schaffen

Einmal über Wasser gehen – warum nicht!

AMEN.

Lebendiges Wasser

Gott spricht: „Ich will dem Durstigen geben von der Quelle des lebendigen Wassers umsonst.“

Offenbarung 21,6

Lebendiges Wasser – wo gibt es so etwas? Märchen fallen mir ein, da gibt es nie versiegendes Wasser, da gibt es Jungbrunnen, Wasser in das man als alter Mensch hinein steigt und jung wieder heraus kommt. Volkslieder singen davon, im „Schneegebirge“ soll es ein Brünnlein geben, und wer daraus trinket, wird jung und nimmer alt.
Also ein märchenhafter Satz? Die Märchenforschung, speziell auch die Tiefenpsychologie, hat gezeigt, dass in den Märchen tiefe Wahrheiten des Lebens verborgen liegen. Die Lebensweisheit von Genrationen hat sich in den Märchen verdichtet, sonst wären sie nicht so eifrig weitererzählt und aufgehoben worden. Märchen wollen uns das Leben deuten und erklären, es geht um Tod und Leben, Liebe und Hass, Angst und Vertrauen, um wahre Weisheit im Unterschied zur Torheit der Welt usw.
Stünde unser Satz in einem Märchen wäre das wohl die tiefe Wahrheit: wir leben in unserem Innern von etwas, das wir uns nicht selber schaffen können. Der Lebensbrunn aus dem sich unser Leben speist, ist nicht von uns gemacht, da muss etwas sein, aus dem wir trinken können.

Nun ist das nicht ein Satz aus einem Märchen, sondern steht in der Schrift des Sehers Johannes - als Offenbarung in unserem Neuen Testament. Dennoch gibt es da Vergleichbares, denn der Seher Johannes spricht in seinen Offenbarungen nicht von der Gegenwart sondern von einer Zeit, die kommen soll, ein Entwurf weit in die Zukunft hinein. Offenbarung kann nur etwas heißen, dass wir im Alltäglichen so nicht vor Augen haben. Sondern da will uns jemand die Augen öffnen für eine Wirklichkeit, die uns gezeigt werden muss, die auf uns zukommt. Also Zukünftiges macht der Prophet sichtbar. Unser Satz steht in einem Bibelabschnitt, den wir traditionell in den Gottesdiensten am Ende des Kirchenjahres lesen, am Ewigkeitssonntag:

> *Gott wird bei den Menschen wohnen und sie werden sein Volk sein, und er selbst, Gott mit ihnen, wird ihr Gott sein; und Gott wird abwischen alle Tränen von ihren Augen, und der Tod wird nicht mehr sein, noch Leid noch Geschrei noch Schmerz wird mehr sein; denn das Erste ist vergangen. Und Gott sprach: Siehe, ich mache alles neu! Und ich bin das A und das O, der Anfang und das Ende. Ich will dem Durstigen geben aus der Quelle des lebendigen Wassers umsonst.*
> Off 21, 3-6

Eine wunderbare Zeit, aber noch außerhalb unserer heutigen Erfahrungen – noch gibt es viel, zu viele Tränen, Leid und Tod. Nun spricht hier nicht Lebenserfahrung des Volkes wie in den Märchen, nicht geronnene Erfahrung von Generationen, sondern der hier etwas zusagt, ist Gott. Aber ist die Zusage nur etwas Zukünftiges? Haben wir ein Versprechen, das uns über den Alltag hinaus weist in eine ganz andere Zukunft? Ich will dem Durstigen geben ...erst später, wenn alles offenbar ist und Gott bei einem Volk wohnt? Also nicht heute?
JA und NEIN.
Zum einen will das Bibelwort unsere Sehnsucht anfachen nach dieser Zeit, wie sie Gott verspricht. Sehnsucht anfachen, weil es doch um uns herum und in uns selber so viel Durstige gibt! Konkret Durstige – in vielen Ländern fehlt frisches Wasser, eine vermeidbare Kindersterblichkeit durch verschmutztes Wasser. Ohne sauberes Wasser kein Leben. Aber auch Durst der Seele - nach Liebe, Geborgenheit, Zuwendung, Heilung, Vergebung. Also Sehnsucht nach einer Zeit, wo alles aufgehoben sein wird in der Liebe Gottes.

Aber zugleich gilt dies Versprechen nicht nur für die Zukunft. Denn die Verheißungen Gottes haben einen besonderen Charakter. Sie verweisen zum einen auf Künftiges, das Gott schaffen wird, aber zugleich sind sie Ansage für die Gegenwart. Wie das? Das liegt an dem Kind von Weihnachten oder an dem, in dem Gott unter uns erschien, wie wir es im Erscheinungsfest-Epiphanias, besingen und verkündigen.
Jesus hat beides in sich vereint, das Künftige, das Reich Gottes, von dem er predigt und zugleich machten Menschen mit ihm die Erfahrung, dass in ihm schon das Reich Gottes gegenwärtig ist: Blinde sehen, Lahme gehen, Verkrümmte gehen aufrecht, in Schuld Verstrickte werden frei, Hungrige werden satt.

Lebendiges Wasser - Johannes erzählt in seinem Evangelium folgende Begebenheit. Jesus trifft an einem Brunnen eine Frau aus Samarien (Kap. 4) Er sitzt müde am Rand des Brunnens vor der Stadt (Jakobs Brunnen) und eine Frau kommt, ihre Krüge zu füllen. Jesus bittet, dass sie ihm zu trinken geben möge. Großes Erstaunen bei der Frau, dass dieser jüdische Mann sie solches bittet; haben doch die frommen Juden verächtlich auf die Leute von Samarien geschaut, da sie ihrer Meinung nach nicht richtig an Gott glauben. Und es kommt zu einem Gespräch, in dem Jesus dann zu der Frau sagt: Wenn du wüsstest, mit wem du hier redest, du würdest mich um Wasser bitten, denn ich kann dir lebendiges Wasser geben. Wieder ungläubiges Erstaunen und Jesus sagt zu ihr und zeigt auf den Brunnen:

Wer von diesem Wasser trinkt, den wird wieder dürsten; wer aber von dem Wasser trinkt, das ich ihm gebe, den wird in Ewigkeit nicht dürsten, sondern das Wasser, das ich ihm geben werde, das wird in ihm eine Quelle des Wassers werden, das in das ewige Leben quillt.
Joh 4,14

Und dann deutet Jesus der Frau ihren Lebensalltag, der im Blick auf ihr Verhältnis zu Männern nicht so toll ist. Der Glaube, zu dem Johannes seine Leser locken möchte, bezieht sich auf Beides - das konkrete Leben hier und jetzt und die wunderbare Verheißung einer ungetrübten Gemeinschaft mit Gott. So will dies Bibelwort für uns nicht nur Ankündigung, Verheißung von Zukünftigem sein, sondern zugleich auch lebendige Wirklichkeit heute.

Jesus wuchs auf in der Tradition jüdischen Glaubens, die Leute nannten ihn Rabbi, d.h. er kannte sich natürlich bestens aus in der Tora, in den Büchern Mose und den Propheten. So kannte er mit Sicherheit die Stelle im Prophetenbuch Jesaja, wo die Zuhörer aufgefordert werden zu konkretem Tun:

Brich dem Hungrigen dein Brot und die im Elend ohne Obdach sind, führe ins Haus! Wenn du einen nackt siehst, so kleide ihn, und entzieh dich nicht deinem Fleisch und Blut.
Jes 58,7

Dann wird dein Licht hervorbrechen wie die Morgenröte und deine Heilung wird schnell voranschreiten...Und ***du*** *wirst sein wie ein bewässerter Garten und wie eine Wasserquelle, der es nie an Wasser fehlt.*
Jes 58,11

Das ist der Zusammenhang: Einerseits die Verheißung zukünftigen Lebens in Gemeinschaft mit Gott, wo wir Durstigen - nach Liebe, nach Leben, nach Treue, nach Sinn und Wahrhaftigkeit - wo wir so Dürstende lebendiges Wasser trinken dürfen. Und zugleich können **wir** schon zu einer Wasserquelle werden, aus der andere ihren Durst stillen – trösten, helfen, Beistand leisten, ganz im Sinne Jesu:

Wen da dürste, der komme zu mir und trinke! Wer an mich glaubt, von dessen Leib werden, Ströme lebendigen Wassers fließen.
Joh 7,37f

AMEN.

Wasser predigen – Wein trinken

„… damit ich nicht anderen predige und selbst verwerflich werde.“

1.Kor 9,24-27

Wisst ihr nicht. Dass die, die in der Kampfbahn laufen, die laufen alle, aber einer empfängt des Siegespreis? Lauft so, dass ihr ihn erlangt. Jeder aber, der kämpft, enthält sich aller Dinge; jene nun, damit sie einen vergänglichen Kranz empfangen, wir aber einen unvergänglichen. Ich aber laufe nicht wie auf's Ungewisse; ich kämpfe mit der Faust, nicht wie einer, der in die Luft schlägt, sondern ich bezwingen meinen Leib und zähme ihn, damit ich nicht anderen predige und selbst verwerflich werde. 1.Kor 9,24-27

Ein schwerer Vorwurf, mit Vorliebe an kirchlich Engagierte gerichtet: *Ihr predigt Wasser und trinkt heimlich Wein.* Ein schwerer Vorwurf, auch wenn er von Spöttern vorgetragen wird. Bedeutet dies doch: Euch kann man nicht trauen. Zwischen euren Reden und eurem Tun klafft eine große Lücke, ihr seid nicht glaubwürdig. Solche Vorwürfe bekommen Nahrung durch die Missbrauchsfälle in der Kirche. Ihr predigt Liebe, Respekt, die Unantastbarkeit der Person ist euch um Gottes willen wichtig, und doch vergreift ihr euch bei Kindern gerade daran!. Oder: die Kirche tritt für eine Welt des Friedens ein, aber zum Waffenhandel deutscher Firmen schweigt sie usw. Der Vorwurf: ihr predigt Wasser und trinkt heimlich Wein, gewinnt immer da Nahrung, wo es eine offensichtliche Kluft gibt zwischen dem, was wir predigen oder allgemeiner wie wir uns zu unserem Glauben äußern, was uns wichtig ist und der Unfähigkeit, den Alltag entsprechend zu gestalten.

Man kann sich natürlich fragen, ob das ein zu hoher Anspruch ist. Alle Personen öffentlicher Aufmerksamkeit, Politiker allemal, stehen unter dieser Beobachtung. Stimmt ihr Handeln mit ihren Reden überein? In einer Gesellschaft, die überwiegend eine Distanz zur Kirche entwickelt hat, steht sie dennoch unter solcher Beobachtung. Und wenn es dann die benannten Ereignisse gibt, ist das Urteil schnell zur Hand.
Nochmals: Ein viel zu hoher Anspruch, dass unser Reden in Deckung kommt mit unserem privaten und gesellschaftlichen Leben? Nun könnten wir uns auf eine alten Grundsatz lateinischen Rechts zurückziehen: abusus non tollit usum – Missbrauch hebt den richtigen Gebrauch nicht auf – die Juristen nennen das eine Umschreibung des Übermaßverbots. Ein Recht darf nicht allein deshalb unterbunden werden, weil es mitunter missbraucht wird. Ein Missbrauch hebt nicht den rechten Gebrauch auf. Beispiel: ein Missbrauch der Gastfreundschaft hebt nicht die Berechtigung einer Willkommenskultur auf.
Das heißt doch für unsere Überlegungen, die Wahrheit einer Sache kommt nicht gleich unter die Räder, wenn jemand gegen sie offensichtlich verstößt. Auch wenn wir in unserer Lebensführung dem nicht entsprechen, was wir verkünden, hebt es die Wahrheit dessen nicht auf, was wir verkünden.

Hilft das weiter? Löst dies das Problem?
In den Briefen des Paulus lesen wir immer wieder, dass er sich auseinandersetzen muss mit Menschen, die ihm gerade angesichts seines Auftretens absprechen, ein authentischer Apostel zu sein. Kann denn ein Mensch, der körperlich so schwach ist, der offenbar auch nicht so gut öffentlich reden kann (2.Kor. 10,10), der wenig Heldenhaftes und Wunderbares an sich hat ein Apostel des Auferstandenen sein? Ist seine Botschaft nicht genau so mickerig wie sein äußerliches Erscheinen? So sauber lässt sich das offenbar nicht trennen: Hier die Wahrheit und Schönheit des Evangeliums und dort die etwas mickerige christliche Existenz. Natürlich ist es hilfreich, wenn das Tun auch dem Reden entspricht. Wir wissen, dass sich der christliche Glaube in den ersten Jahrhunderten so rasch im Römischen Reich ausbreiten konnte, weil die entsprechende Lebenspraxis so überzeugte.

In seinem 2. Brief an die Korinther hat Paulus sich mit diesen Vorwürfen der Unwahrhaftigkeit auseinandergesetzt und der Auslöser solcher Angriffe ist oft eine scheinbar ganz banale Geschichte. Paulus hatte zugesagt nach Korinth zu kommen, war aber durch Widrigkeiten, vielleicht auch durch körperliche Schwäche, davon abgehalten und schon erreichten ihn die Vorwürfe. Du sagst viel, aber dann hältst du es nicht. Und das bezieht sich nicht nur auf dein Handeln, sondern dann auch auf deine Botschaft. Und er schrieb ihnen:

Bin ich etwa leichtfertig gewesen, als ich das wollte? Oder ist mein Vorhaben fleischlich, so dass das Ja Ja bei mir auch ein Nein Nein ist?... Denn der Sohn Gottes, Jesus Christus, der unter euch durch uns gepredigt worden ist.....der war nicht Ja und Nein, sondern es war JA in ihm. Denn auf alle Gottesverheißungen ist in ihm das Ja.

1.Kor 1,17-20

Das ist hilfreich für unser Nachdenken. Mag auch dies oder jenes an mir nicht stimmig sein, auf eines ist Verlass. Das JA Gottes zu uns Menschen. Das große JA Gottes zu uns Menschen, das er in Jesus ein für alle Mal gesprochen hat, kann nicht klein gemacht werden durch unsere Schwachheit. Paulus schreibt von sich, dass er Gott oft gebeten habe, ihn stärker, mutiger, überzeugender, gesunder zu machen. Und als Antwort wurde ihm bewusst:

Lass dir an meiner Gnade genügen; denn meine Kraft ist in den Schwachen mächtig.

2.Kor 12,9

D.h. doch, dass in aller Gebrechlichkeit unseres Lebens, in allem Fragmentarischen unseres Christenlebens Gott selber für sein JA eintreten will. Die Spötter hatten auch im Blick auf Jesus diesen Vorwurf: Er hat viel geredet von Gott, aber ist elendig am Kreuz gescheitert. Aber, so schreibt Paulus in seinem zweiten Brief am Ende:

Wenn er auch gekreuzigt worden ist in Schwachheit, so lebt er doch in der Kraft Gottes.

2.Kor 13,4

Diese Kraft Gottes ist es - nennen wir sie Heiliger Geist – die in uns wirkt, dass wir uns nicht gemächlich zurück lehnen im Bewusstsein, dass Gott selber dafür eintritt, diese Welt zu befrieden. Seine Kraft macht uns lebendig in der Kampfbahn zu laufen, um den Siegespreis zu gewinnen, oder: um der Botschaft von Gottes Menschenliebe nicht unnötig im Wege zu stehen. Der Heilige Geist will nicht nur unserer Schwachheit aufhelfen, sondern er lockt uns auch, mit unserem Leben dem JA Gottes zu uns zu entsprechen. Er hilft uns, unsere Lebenspraxis so einzurichten, dass möglichst wenig Spötter Anlass haben uns vorzuhalten, wir würden Wasser predigen aber heimlich Wein trinken.

Der Vergleich mit dem Sport, den Paulus in seinem ersten Brief an die Korinther Kap. 9 gewählt hat verweist darauf, dass christliche Lebenspraxis auch mühevoll sein kann. Wir sind wie Wettkämpfer, die sich üben im täglichen Leben, um bestmöglich dem Ja Gottes zu uns zu entsprechen.
Ja, christliche Lebenspraxis kann mühevoll sein, ganz sicher in Zeiten, wo es sehr unterschiedliche Vorstellungen vom Leben gibt und manche Meinungen gerade auch in Deutschland derzeit unversöhnlich aufeinander prallen. Einzustehen für Gott, der nicht als Kriegsgott verehrt wird, sondern im eigenen Leiden dem Leben unumkehrbar zum Durchbruch geholfen hat und immer wieder zum Durchbruch hilft. Die dieser Hingabe entsprechende Lebenspraxis will immer wieder geübt werden. Fragen wir uns, welche Verhaltensweisen, Einstellungen und Gedanken es sind, deren wir uns enthalten sollten – da ist der Vergleich mit den Mühen des sich selbst disziplinierenden Sportlers nicht ganz falsch.
Vielleicht aber mit einem Unterschied: die manchmal so unerbittliche Verbissenheit, in der manche Frauen und Männer darum ringen, auf dem Siegerpodest zu stehen, die müssen wir uns nicht zu eigen machen. Was bei Paulus so angestrengt klingt, erlebten die Menschen in der Begegnung mit Jesus als eine auf sie überströmende und befreiende Liebe, Barmherzigkeit und Zugewandtheit, die Lebensverändernd wirkte.
So ist es eher eine fröhliche Gelassenheit mit der wir im Vertrauen auf das JA Gottes zu uns so zu leben versuchen, dass wir nicht anderen predigen und selbst verwerflich sind – so zu leben, dass es vielleicht auch den Spöttern die Sprache verschlägt oder sie sogar in das Lob Gottes um Jesu Christi willen, einstimmen.

AMEN.

Liebeserklärung im Advent

„Lasst uns festhalten an dem Bekenntnis der Hoffnung und nicht wanken; denn er ist treu, der sie verheißen hat; und lasst uns aufeinander achthaben und uns anreizen zur Liebe und zu guten Werken, und nicht verlassen unsere Versammlungen, wie einige zu tun pflegen, sondern einander ermahnen."

Hebräer 10,23-25

Dass die Adventszeit begonnen hat, ist so augenfällig, dass es niemand übersehen kann. Land auf und ab die Weihnachtsmärkte. In Straßen und auf Plätzen die Reihe der schön geschmückten Buden, Menschen an den Ständen mit ihrem Glühwein oder sie schlendern an den ausgestellten Waren vorbei – eine fröhliche Stimmung. Ja, die Adventszeit hat begonnen.

Dass die Adventszeit begonnen hat, ist so augenfällig, dass es niemand übersehen kann. Land auf und ab die Weihnachtsmärkte. In Straßen und auf Plätzen die Reihe der schön geschmückten Buden, Menschen an den Ständen mit ihrem Glühwein oder sie schlendern an den ausgestellten Waren vorbei – eine fröhliche Stimmung. Ja, die Adventszeit hat begonnen.
Eigentlich müssten die Märkte wohl Adventsmärkte heißen, der Kalenderzeit gemäß. Aber nehmen wir den Namen „Weihnachtsmarkt" als Hinweis auf die Bedeutung dieser Zeit bzw. für das Ziel dieser Zeit – gut drei Wochen hinlaufend auf das Weihnachtsfest. Obwohl sicher die meisten Besucher der Märkte nicht mehr wissen, dass für uns Christen mit der Adventszeit ein neues Kirchenjahr beginnt und diese Wochen Vorbereitungszeit auf das Fest der Weihnacht sind.
Und welche Bedeutung das ist, was die Adventszeit innerlich bestimmt, das kann man auch auf den Märkten entdecken, besonders an den Ständen mit den vielen Lebkuchen. Da hängen die großen und kleinen Herzen und alle beschriftet in buntem Zuckerguss und auf einigen steht unübersehbar die Botschaft: **Ich liebe dich.** Auch vielfach abgewandelt „Ich mag dich" „Du bist lieb" oder einfach nur „Liebe" Nun ist diese Aufschrift „Ich liebe dich" vermutlich nicht die Botschaft der Verkäuferin an mich, sondern dieser Satz wird erst lebendig, wenn ich das Herz erworben habe und es jemandem schenke, mich ihm, ihr zuwende. Im Verschenken wird dieser Satz „Ich liebe dich" lebendig. So gesehen helfen uns die Lebkuchenstände zu verstehen, worum es in dieser Zeit geht. In unserem Predigttext aus dem Hebräerbrief klingt das so:

> *Lasst uns aufeinander acht haben und uns anreizen zur Liebe und zu guten Werken.*

Das passt doch alles sehr schön zusammen.
Oder sollten wir den Kritikern unser Ohr leihen, die die Sorge haben, dass solche Märkte uns die Augen vor den harten Realitäten des Lebens verschließen? So liebevoll ist die Welt doch nicht. Da hängen die Stände voller Herzen mit „Ich liebe dich", aber die Realität sieht doch anders aus. Auf diese Spannung verweist uns auch der Satz aus dem Hebräerbrief: der Verfasser dieses Rundschreibens nutzt den Imperativ, also die Aufforderungsform. „Lasst uns " Warum das?
Offenbar versteht es sich auch in der christlichen Gemeinde, an die er schreibt, nicht von selbst, aufeinander Acht zu geben, sich liebevoll

einander zuzuwenden und die guten Werke zur selbstverständlichen Erfahrung zu machen. Es bedarf der Aufforderung, oder wenn wir das „lasset“ etwas milder lesen, es bedarf der Erinnerung. Und vielleicht sind dann die Lebkuchenherzen doch nicht so schlecht, weil sie uns erinnern können, was unser Leben trägt und sinnvoll macht und was wir zum Leben brauchen.

Damit die Liebe nicht nur ein Zuckerguss bleibt, sondern Lebensrealität wird, braucht es in der Tat etwa mehr als eine fröhliche Weihnachtspunsch-Stimmung. Die Liebe ist offenbar nicht einfach selbstverständlicher Teil unserer Humanität, unseres Menschseins. Wenn das so wäre, sähe die Welt anders aus. Es braucht eine andere Begründung, ein anderes Fundament. Und darum geht es dem Verfasser des Hebräerbriefes. Vor unserem Satz steht:

Lasst uns festhalten an dem Bekenntnis der Hoffnung und nicht wanken, denn er ist treu, der sie verheißen hat.

Die Treue Gottes zu uns ist der Grund, die Ermöglichung unserer Liebesfähigkeit, die nicht Zuckerguss ist, sondern harte Realität in Auseinandersetzung und im Streit mit den Bosheiten und Übel dieser Welt. Gott ist treu - worin ist er denn treu? Dass die Hoffnung, die er durch Sterben und Auferstehen des Jesus von Nazareth in unsere Welt gebracht hat, nicht trügerisch ist. Hier kommt etwas ins Spiel, was scheinbar zu der besinnlichen, fröhlichen Stimmung der Adventszeit nicht zu passen scheint. Aber wenn unsere Hoffnung nicht nur eine zeitliche Stimmungslage sein soll, braucht es die Erinnerung an den Grund unsere Hoffnung. Deswegen ist in der geschichtlichen Entwicklung der Kirche bei der Ausgestaltung der Adventszeit Wert darauf gelegt worden, dass diese Zeit auch eine Zeit der Besinnung sein soll, unterstützt von Buße und Fasten. In unseren Zeiten prägt diese Wochen stärker die Vor-Freude auf das Fest der Liebe. Wobei sich das nicht ausschließen muss, die Freude an den schönen Dingen des Lebens, wie sie auch auf unseren Märkten sichtbar werden und die ernsthafte Besinnung, was der Grund der Freude ist. Und wenn das zu einem achtsamen Lebensstil führt, dann sind das wohl auch die guten Werke, zu denen wir aufgefordert werden.

Haltet fest an dem Bekenntnis der Hoffnung, denn der ist treu, der sie verheißen hat.

Ist eine Hoffnung stark genug, das Leben zu tragen? Vielleicht kann man andersherum sagen. *Ohne Hoffnung geht es nicht.* Die liebevolle Achtsamkeit aufeinander, das Tun der guten Werke braucht die Hoffnung auf Veränderung, auf die der Glaube vertraut. Die großen Verheißungen Gottes über unser Leben sind unser Lebenselixier. Ja, haltet fest an dem Bekenntnis der Hoffnung, denn der ist treu, der sie verheißen hat.
So können wir auch die erinnernde Mahnung hören, die der Verfasser des Hebräerbriefes noch anfügt:

> *Lasst uns nicht unsere Versammlungen verlassen, wie es einige zu tun pflegen.*

In dieser offenbar durch die Geschichte der Kirche sich ziehenden Mahnung, die Gemeinde und Kirche nicht zu verlassen, geht es ja nicht um das Eigeninteresse der Kirche als Institution und die Angst vor Mitgliederschwund, sondern um den Wert der sich versammelnden Gemeinde für die Hoffnung – hier ist der Ort, die Verheißungen zu erinnern. In den Gottesdiensten werden sie gelesen und bedacht, in den Liedern gesungen, hier können wir uns als Einzelne tragen lassen vom gemeinsamen Bekenntnis unseres Glaubens, werden angereizt zu gutem Tun. Und in der Feier des Herrenmahles werden wir vergewissert, dass Gott treu ist. Und im Weihnachtsfest, auf das die Adventszeit zuläuft, feiern wir die unüberbietbare Nähe Gottes zu uns.
Und wenn dich in der Adventszeit auf einem der Märkte an einem Lebkuchenstand ein Herz anlacht und in buntem Zuckerguss geschrieben steht: **Ich liebe Dich**, dann nimm es ganz persönlich als Zusage Gottes und freue dich

AMEN.

Weihnachten

Die Liebesgeschichte Gottes

„... euch ist heute der Heiland geboren ...“

Lukas 2,10-11

Wir erzählen uns zu Weihnachten die eine große Liebesgeschichte Gottes mit uns Menschen. Und diese eine Geschichte wird in der Bibel in unterschiedlichen Geschichten erzählt. Eine hat seit einigen hundert Jahren in den Kirchen den Renner gemacht und steht unerschütterlich auf Platz 1: Die Geschichte, wie sie der Evangelist Lukas erzählt hat. Sie ist die populärste geworden und hat die gottesdienstlichen und liturgischen Feiern geprägt, manche mögen sie seit der Kindheit auswendig können.
So steht sie vielfach als Krippe aufgebaut und wird in Liedern besungen. Ja sie ist so wirkmächtig geworden, dass auch an weltlichen Orten Krippenfiguren stehen, in Schaufenstern, auf Weihnachtsmärkten und auch bei Zeitgenossen, die ansonsten dem christlichen Glauben wenig zugeneigt sind, ist sie in Erinnerung: Maria und Josef und dazu das Kind und die Engel und die Hirten - ganz so, wie wir es kennen – die Weihnachtsgeschichte eben.
Von einem solchem Erfolg kann jeder Autor nur träumen, Lukas als Schriftsteller noch gelesen und in fast aller Munde nach zweitausend Jahren. Er hat mit dieser Erzählung seine drei auch berühmten Kollegen in den Schatten gestellt, die alle auf ihre Weise die Liebesgeschichte Gottes zu uns Menschen erzählen, so wie wir sie am Weihnachtsfest feiern - Markus, Lukas und Johannes.

Da ist der Evangelist **Johannes**. Er würde zu Lukas sagen: Lukas, wenn du die Liebesgeschichte Gottes zu uns erzählen willst, musst du viel früher anfangen! Nicht erst bei der Ankündigung des Engels an Maria und der Geburt des Menschenkindes Jesus. So erzählt Johannes keine spezielle Kindheits- und Geburtsgeschichte des Knaben, sondern er lässt alles viel, viel früher beginnen. Für ihn fängt die Weihnachtsgeschichte in Gott selbst an - vor aller Zeit. **Das Wort Jesus war immer schon in Gott** – und Gottes Worte sind Schöpferworte. Ausgesprochen bedeutet das: Das Wort wurde Fleisch und wohnte unter uns und wir sahen seine Herrlichkeit. Es war kein plötzlicher Einfall Gottes – ach, ich will in Israel im Volk der Juden ein Kind zur Welt kommen lassen - nein, die Liebe Gottes zu uns Menschen ist schon immer in Gott. Sie gehört zu seinem Wesen. Das möchte Johannes betonen. Das ist seine Weihnachtsbotschaft: Ewig ist der Sohn beim Vater – so drückt es die Kirchensprache aus. Dieser Jesus, dessen Geburt wir in unserem Weihnachtsfest feiern, ist die Liebesgeschichte Gottes mit uns Menschen in Person. Immer schon. So sehr hat Gott die Welt geliebt, schreibt Johannes, dass er seinen eingeborenen Sohn, sozusagen als einen Teil von sich, hat Mensch werden lassen, um uns sichtbar nahe zu sein. Die Worte Jesu sind deshalb Gottesworte.

> *Der, den Gott gesandt hat, redet Gottes Worte; denn Gott gibt den Geist ohne Maß. Der Vater hat den Sohn lieb und hat ihm alles in seine Hände gegeben. Wer an den Sohn glaubt, der hat das ewige Leben.*
> Joh 3, 34-36

So weit reicht der Horizont des Weihnachtsfestes bei Johannes – von Ewigkeit zu Ewigkeit.

Und **Matthäus**? Er würde vielleicht zu Johannes sagen: Ja schön und gut diese Gewissheit des Glaubens, aber kannst du es nicht etwas konkreter sagen: Das Wort ward Fleisch? Und er schreibt eine eigenen Geschichte von der Geburt des Kindes und gar nicht so geistlich-spirituell abgehoben, ja, auch eine Liebesgeschichte, aber eine ganz irdische. Bei ihm steht Josef im Zentrum seiner Erzählung. Josef, meist zum Statisten in den Erzählungen, wo es immer um Mutter Maria und um das Kind geht. Auf vielen Bildern sieht er der Szene zu. Auch in den Evangelienbüchern taucht er nicht weiter auf. Wir wissen wenig von ihm,

nur dass er in der Heimatstadt Nazareth als Vater des Jesus gilt, dass er Bauhandwerker war, vor allem mit Holzverarbeitung beschäftigt. Matthäus erzählt von der Geburt Jesu als **Liebesgeschichte von Maria und Josef.** Zwei Menschen, die sich mögen, sie sind einander versprochen, verlobt, wollen heiraten. Und da zeigt sich, dass Maria schwanger geworden ist. Nicht von ihm. In der Zeit des Matthäus war das ausgeschlossen, schon vor der Ehe miteinander das Bett zu teilen, Maria hatte jungfräulich in die Ehe zu gehen. Und nun das! Josef stellt es fest, weiß, von mir ist das Kind nicht – und nun zeigt sich, dass Matthäus uns eine Liebesgeschichte erzählen will. Josef will keinen Skandal machen. Das könnte nämlich für Maria und das Kind tödlich ausgehen nach der Rechtsprechung jener Zeit. Josef liebt seine Maria – aber einfach so sich damit abfinden möchte er auch nicht. Er überlegt, sie still zu verlassen, die Verlobung aufzulösen, Ob das für Maria letztlich besser gewesen wäre?
Und da kommt die Wende in der Geschichte, ein Engel erscheint Josef im Traum. Es geht ja um die Liebesgeschichte Gottes zu uns, die da in dieser sehr weltlichen Geschichte erzählt wird. Der Engel klärt ihn auf, dass sich hier Dinge ereignen, die dem Willen Gottes entspringen. Und er sagt ihm den Namen, den das Kind haben soll. Nenne es „Jesus" denn er wird sein Volk retten. So hat es der Prophet Jesaja angekündigt: Siehe, eine Jungfrau wird schwanger sein und einen Sohn gebären und sie werden ihm den Namen Immanuel geben, das heißt übersetzt: Gott mit uns. Josef ist nicht nur liebevoll zu Maria, sondern auch fromm (was ja durchaus zusammen passen kann) Er lässt sich in die Geschichte Gottes mit einbeziehen. Er hat ein Ohr für Gottes Botschaft. Er lässt es bei sich Weihnachten werden. So heiratet er Maria, rührt sie aber nicht an, bis sie das Kind geboren hat, Jesus. Und dann gehen die Katastrophen eigentlich erst richtig los, die junge Familie muss auf die Flucht vor dem Machtgelüste des herrschenden Königs.

Bleibt uns noch der Evangelist **Markus**. Wenn er die Geschichte des Matthäus hätte lesen können, hätte er vielleicht zu ihm gesagt. Matthäus, wenn du schon bei der Geburt des Jesuskindes so komplizierte, schreckliche und verwirrenden Lebensumstände beschreibst, in die hinein dies Kind geboren wurde – und du Johannes, Ja, das Wort ward Fleisch, aber in einer zerrissenen, mörderischen, friedlosen Welt. Wenn das so ist, dann will ich mit meinem Evangelium gleich zur Sache kommen, zur Hauptsache: wird nicht in Kreuz und Auferstehung der

wahre Charakter der Liebesgeschichte Gottes mit uns offenbar?
Und so beginnt Markus sein Evangelium mit dem Auftreten des erwachsenen Jesus. Ihn interessiert, was Jesus da getan, gesagt hat, wie er lebte und dann erzählt er von seinen schlimmen Tod und von der überraschenden Erfahrung der Jünger, vor allem der Frauen, Jesus lebt, er ist auferstanden.
Dass Jesus uns ganz neue Lebensperspektiven eröffnet hat, dass er die Botschaft der Engel: Friede auf Erden bei den Menschen seines Wohlgefallens, in seiner Liebe zu uns Wirklichkeit werden ließ und uns allen bleibende Gemeinschaft mit Gott als unserem himmlischen Vater gewährt, ist das nicht die Mitte des Evangeliums, das uns zu Weihnacht verkündet wird? Und Markus hätte wohl **hinter die Krippe mit dem Kind das Kreuz gestellt.**

Lukas, um noch einmal zu ihm zurück zu kommen, fand es nicht ausreichend, nur von dem erwachsenen Mann Jesus zu schreiben. Wenn Gott sich in diesem Jesus zu erkennen gibt, wenn er sein Wesen offenbart, dann muss das doch schon eine außergewöhnliche Geburt gewesen sein. Da müssen bei der Geburt die Engel im Himmel gejubelt haben – und so schrieb er eine Gottes-Geschichte. Ja eine Gottes-Geschichte musste es ja sein, Gott handelt doch hier, da geschehen Dinge, die dem menschlichen Verstand nicht einfach einsichtig sind, von der Schwangerschaft ohne Zutun eines Mannes, von den Engeln, den Hirten, dem Stern – nun, wir kennen das.
Die Liebesgeschichte Gottes zu uns Menschen erzählt sich in vielen Geschichten. So hat jedes Evangeliumsbuch seinen Anfang. In der Geschichte unserer Kirche hat sich mit dem Weihnachtsfest dann irgendwann die Erzählung des Lukas durchgesetzt als Festtagserzählung. Aber recht besehen, ist es gut, dass wir dies eine Geheimnis zu Weihnacht, das wir sowieso nie ganz ergründen können, vielfältig erzählt bekommen. Und wie man es auch erzählt, die Botschaft ist eindeutig: Gott will mit uns leben, er hat sich uns in Liebe verbunden. Und diese Botschaft unseres Weihnachtsfestes möchte gelebt werden in den Liebesgeschichten unserer Zeit, zwischen unversöhnlichen Völkern, in zerrütteten Lebensverhältnissen, in zerbrochenen Beziehungen, inmitten sozialer Spannungen. Wir sind eingeladen zu einem Leben in der Gemeinschaft dieses Kindes und des Auferstandenen, der uns diese Nähe Gottes verbürgt im Leben und im Sterben.

AMEN.

So Gott will und wir leben

Neujahrspredigt

„Und nun ihr, die ihr sagt: Heute oder morgen wollen wir in die oder die Stadt gehen, wollen ein Jahr dort zubringen und Handel treiben und Gewinn machen und wisst nicht, was morgen sein wird. Was ist euer Leben? Ein Rauch seid ihr, der eine kleine Zeit bleibt und dann verschwindet. Dagegen sollt ihr sagen: Wenn der Herr will, werden wir leben und dies oder das tun."

Jakobus 4,13-15

Ein Textabschnitt, wie er zu einem Jahresbeginn passt. Es gehört zum Ritus des Jahreswechsels Rückblick zu halten und für das kommenden Jahr zu planen: das oder dies wollen wir tun. Gute Vorsätze werden ausgetauscht. Neujahr - Jahreswende ist ein besonderes Beispiel der **Zeitlichkeit des Menschen**. Wir müssen und wollen unsere Zeit einteilen. Das Jahr hat daher seine besonderen Tage, wir leben im Festkreis des Jahres, es gibt die persönlichen Jahrestage, Geburtstag, Hochzeitstag usw. Zum Menschen gehört seine Zeitlichkeit. Im Unterschied zu Pflanzen und Tieren, die auch in der Zeit leben (geboren – gestorben im Rhythmus der Natur), gehört es zum Menschen, seine Zeit zu gestalten, und ich füge ein Wörtchen hinzu, an dem Jakobus lag: wir sollen unsere Zeit verantwortlich gestalten.

Damit sind wir bei dem großen Thema der Ethik, der Normen und Werte. Wie wollen wir unsere Zeit leben, so dass wir sagen können: es ist und war gute Zeit. Für die Ethik als philosophische Wissenschaft steht die Frage nach dem Guten im Zentrum, nach dem guten, dem gelingenden Leben. Fragen die seit alters Menschen beschäftigen. Der antike Philosoph Aristoteles schrieb bereits im 3. Jahrhundert v. Chr. eine Ethik. Alle Religionen suchen Antworten auf die Frage nach einer angemessenen Lebensgestaltung, nach dem guten, sinnvollen Leben.

Woran orientieren wir uns in unserer Lebenspraxis? Eine Frage, die in einer christlichen Gemeinde am Anfang eines neuen Jahres zu Recht ihren Platz hat. Damit sind wir bei einem zentralen Anliegen des Jakobusbriefes und unseres Predigttextes. Am Neujahrstag werden wir daran erinnert, dass der Glaube an Gott in Jesus Christus sich in unserer Lebenspraxis auswirken will. Bei allen Planungen und Vorhaben will der Glaube ins Spiel kommen. Der Briefschreiber geht sogar so weit zu sagen: ein Glaube ohne gute Werke ist ein toter Glaube.

> *So ist auch der Glaube, wenn er nicht Werke hat, tot in sich selber.*
> Jak 2,17

Diese Zuspitzung hat den Reformator Martin Luther dem Jakobusbrief gegenüber etwas zurückhaltend gemacht – eine stroherne Epistel nannte er den Brief. Für ihn vielleicht verständlich, weil er Sorge hatte, das gerade neu gewonnene Verständnis des Evangeliums könne wieder verdeckt werden: nicht aus Werken, sondern aus Glauben allein ist Gott uns gut

gesonnen, der Glaube öffnet uns den Himmel, nicht die guten Werke. Auch wenn wir dem aus vollen Herzen zustimmen, so muss man deshalb das Anliegen des Jakobus nicht in Misskredit bringen. Der Glaube lebt in Werken, in guten Werken, z..B. den Werken der Gerechtigkeit oder den Werken der Barmherzigkeit.
Jakobus hat ein sehr anschauliches Beispiel in seinem Schreiben.

Liebe Brüder, haltet den Glauben an Jesus Christus, unseren Herrn der Herrlichkeit, frei von allem Ansehen der Person. Denn wenn in eure Versammlung ein Mann käme mit einem goldenen Ring und in herrlicher Kleidung, es käme aber auch ein Armer in unsauberer Kleidung und ihr säht auf den, der herrlich gekleidet ist, und sprächt zu ihm: Setze dich hierher auf den guten Platz! Und sprächt zu dem Armen: Stell du dich dorthin! Oder: Setze dich unten zu meinen Füßen! ist's recht, das ihr solche Unterschiede bei euch macht und urteilt mit bösen Gedanken? Jak 2,1-4

Zurück zu unserem Abschnitt: Und nun ihr, die ihr sagt: Heute und morgen wollen wir in die oder die Stadt gehen und wollen ein Jahr dort zubringen und Handel treiben und Gewinn machen. Was ist daran falsch? Ich habe doch damit begonnen, dass das Planen und Gestalten der Zeit zu unserem Menschsein gehört. Was will Jakobus uns mahnend sagen?

... und wisst nicht, was morgen sein wird. Was ist euer Leben?

Er will wohl diese Selbstsicherheit anmahnen und unser Bestreben, unsere Zukunft ganz in die eigenen Hände zu nehmen. Wo ihr Gott außen vor lasst in dem, was ihr plant und tut, da lasst ihr den außen vor, der für euer Leben entscheidend ist.
Und nun kommt Jakobus mit einem Argument, dass uns eine andere Seite der Zeitlichkeit unseres Lebens erinnert. Er macht das etwas brutal, zumindest sehr direkt:

Was ist euer Leben? Ein Rauch seid ihr, der eine kleine Zeit bleibt und dann verschwindet.

Zur Zeitlichkeit unseres Lebens gehört die **Zerbrechlichkeit und Vergänglichkeit**.

In Kommentaren zu dieser Bibelstelle ist oft das klassische Beispiel zu lesen: die Krankheit. Ihr plant und plant, alles ist gut vorbereitet und dann kommt eine Krankheit, die alles verändert, all unsere Planungen relativiert. Aber es muss ja nicht immer die Krankheit sein, es können andere einschneidende Ereignisse sein, durchaus auch Erfreuliches, endlich eine Arbeitsstelle, eine erfreuliche Veränderung in einer Beziehung usw.
Jakobus erinnert uns daran, dass zu unserem Leben das Unplanbare, das Plötzliche, das Unvorhergesehene gehört. Wir erleben das derzeit mit dem Klima, wo wir noch nicht wissen, wie es werden wird. In vielen Teilen der Welt die Wettereinbrüche, die Dürren, die Wirbelstürme, die Erdbeben oder anderes mehr: – Wie sicher – wie selbst-sicher – wollt ihr leben?

Aber was ist sein Ratschlag, und wo steckt das Evangelium, die froh machende Botschaft in dem Abschnitt? So sollt ihr sagen:

Wenn der Herr will, werden wir leben und dies und das tun.

Da steckt offenbar das Evangelium, in diesem Rückverweis auf Gott. Es ist ja nicht das Planen und das verantwortliche Gestalten des neuen Jahres, sondern die Gottesvergessenheit in allem, die der Schreiber für unchristlich hält. In allem, was wir planen und uns für ein neues Jahr vornehmen, diesen **Gottes-Vorbehalt** mit bedenken! Zum einen befreit uns das von dem Zwang zur selbst-sicheren Planung, unser Leben perfekt managen zu müssen, auch befreit es uns davon, über das Leben anderer in Letztverantwortung entscheiden zu müssen.

Der Glaube spricht: So Gott will – und meint es auch so: ja, lass ihn wollen! Was ist denn Gottes Wille? Es ist doch der Weihnachtswille – Friede auf Erden bei den Menschen seines Wohlgefallens. Gottes Shalom, - und dieser Begriff aus den Schriften Israels meint nicht nur Friede, sondern das ganze erfüllte Leben - immer wieder angekündigt, in dem Kind zur Weihnacht geglaubt und erfahren, als Gottes gnädiger Wille über uns.
Dass dieser Vorbehalt „So Gott will“ nicht immer mit unserer Planungen übereinstimmt, lernen wir doch auch in den Jahren unseres Lebens. Und manche scheinbar fehlgeschlagene Planung erweist sich im Nachhinein als Segen. Da können wir sagen: Ein Glück, dass meine Planung nicht aufging. Wir reden dann manchmal von den krummen Wegen, auf denen Gott gerade schreibt.

Die Mahnung vor zu großer Selbstsicherheit – ich will dies und das tun – enthält die entlastende und befreiende Nachricht: Lass in all deinem Planen und Tun Gottes guten Willen mit am Werke sein. Räume Gott einen Platz ein in dem neuen Jahr, sein guter Wille möge sich an uns zeigen. Der Glaube meint es ernst mit der Bitte an unseren Vater im Himmel: **Dein Wille geschehe** – auch in meinem Leben.

Dieser Satzteil aus dem Jakobusbrief –*So Gott will und wir leben* - ist sprichwörtlich geworden: Plane und mache alles in Verantwortung, aber mit diesem Vorbehalt - sub conditione Jacobae – unter der von Jakobus genannten Bedingung. Ist das nicht auch ein guter Rat am Beginn eines neuen Jahres? Verantwortlich unser Jahr gestalten im Sinne des Evangeliums, also lebensdienlich, und in allem bedenken: So Gott will werden wir leben und dies und das tun. Und in aller Zerbrechlichkeit des Lebens sich von dem gehalten wissen, der sich uns zur Seite stellt, uns trägt und leitet, aber wohl auch korrigiert, wenn wir ihn in unserem Leben wirken lassen.

So wird die Mahnung zu einer Ermutigung, das neue Jahr in aller Unplanbarkeit, Offenheit, Begrenztheit, vielleicht auch Zerbrechlichkeit fröhlich anzufangen. So viel an uns liegt auch verantwortlich zu gestalten, dies und das zu tun, aber in allem auch Gott sein Werk tun zu lassen, voll Vertrauen darauf, dass es Gottes guter und gnädiger Wille ist, der sich unser annimmt.

AMEN.

Einladung zum Fest

Hochzeit zu Kana
– Evangelium in der Epiphanias-Zeit

„Das ist das erste Zeichen, das Jesus tat, geschehen in Kana in Galiläa, und er offenbarte seine Herrlichkeit."

Joh 2,1-11

Hochzeit in dem kleinen Städtchen KANA. Eine sehr leicht verständliche Erzählung einer Begebenheit bei einem Hochzeitsfest. Hochzeit - das gehört zu den schönsten Festen des Lebens und wenn es gut geht, ist es ein einmaliges Fest, einmal im Leben – ein Fest der Liebe. Das muss ordentlich gefeiert werden. Und offensichtlich hat das Brautpaar es so gehalten, sonst wäre nicht der Wein ausgegangen. Braut oder Bräutigam gehörten offenbar zur weite Verwandtschaft oder auch nur Freundschaft der Familie Jesu. Seine Mutter Maria ist eingeladen und Jesus und seine Freunde hat er gleich mitgebracht.

Und diese Erzählung der Hochzeit zu Kana ist nun ein Evangelium in der Epiphanias-Zeit. Zu jedem Sonntag im Kirchenjahr gehören speziell ausgesuchte Bibeltexte. Da hat nicht jemand wahllos die Bibel aufgeschlagen und gesagt, heute lesen wir dies oder das, sondern die Bibeltexte, die gelesen werden sollen helfen, die Zeit des Kirchenjahres, in der man gerade lebt, besser zu verstehen.
Wie Kirchengeschichtsforscher herausgefunden haben, gibt es schon seit dem 4. Jh. drei Bibeltexte, die neben der Weihnachtserzählung des Lukas, eng mit dem Fest der Erscheinung der Herrlichkeit Gottes (Epiphanias) verbunden sind.

- *Das ist die Erzählung von den drei weisen Männern, wie sie der Evangelist Matthäus aufgeschrieben hat. – Männer, die in der Tradition zu Königen wurden und dem Fest der Erscheinung Gottes auch den Namen Drei-Königstag eingebracht haben;*
- *die Erzählung von der Taufe Jesu – das berichten alle vier Evangelien;*
- *und die Geschichte der Hochzeit zu Kana, die nur bei Johannes erzählt.*

Dass die Geschichte von den *Drei Königen* in die Epiphanias-Zeit gehört, ist klar – in dem Kind ist die Gegenwart Gottes erschienen und verdient Anbetung und Verehrung.
Für viele Christen in den ersten Jahrhunderten war aber nicht die Geburt des Kindes, sondern die *Taufe Jesu* das entscheidende Ereignis. Um das zu verdeutlichen erzählen alle Evangelisten, dass bei der Taufe der Heilige Geist auf Jesus kam wie in einer Taube und durch eine himmlische Stimme wird Jesus als die Gegenwart Gottes proklamiert: *Dies ist mein geliebter Sohn.* Epiphanie: die Erscheinung der Herrlichkeit Gottes in dem Wanderprediger Jesus.

Soweit so gut- aber die Erzählung einer *Hochzeit*, wie passt denn das dazu? Johannes vermutet solche Fragen und erklärt es am Schluss der Geschichte:

Dies ist das erste Zeichen, das Jesus tat, geschehen in Kana in Galiläa,
und er ***offenbarte seine Herrlichkeit***. Joh 2,11

Das ist die Deutung und deswegen gehört die Geschichte zu den Bibeltexten, die mit dem Epiphaniasfest verbunden sind: die Herrlichkeit Gottes ist in Jesus unter uns erschienen.

Die Herrlichkeit Gottes zeigt sich in einem Fest? Jesu hat das so verkündet: Wer etwas von der Gemeinschaft Gottes mit uns Menschen verstehen will, der soll sich ein Fest vorstellen. In ihm zeigt sich die Herrlichkeit Gottes. Wenn Jesus vom Reich Gottes erzählt, dann vergleicht er es oft mit einem Fest, ja immer wieder auch mit einem Hochzeitsfest.

Gott lädt uns ein zu einem Fest. Unser Leben sei ein Fest.

Jesus lässt sich selber gerne einladen zu Fest und Feier, er nimmt sogar in Kauf, das man ihn als einen Fresser und Säufer beschimpft, weil er sich auch einladen lässt von Zöllner und von Leuten, über die fromme Juden nur den Kopf schütteln und sie verachten. Da ist er so ganz anders als sein Vorläufer Johannes der Täufer, ein Asket, ein Mahner, am Rande der Wüste lebt er, trägt ein Gewand aus Kamelhaaren und isst Heuschrecken und wilden Honig (so Matthäus). Auch Jesus ruft zur Umkehr und Buße, aber nicht mit der Androhung eines Strafgerichtes, sondern mit der Einladung, sich der Liebe Gottes zu überlassen, mit ihm das Leben zu feiern. Gott will mit uns ein Fest der Liebe feiern - deswegen wohl auch immer wieder das Hochzeitsfest. In ihm zeigt sich am besten die Herrlichkeit Gottes.

Im Laufe der Kirchengeschichte gab es leider viele Missverständnisse der Botschaft Jesu. Muss der Herrlichkeit Gottes nicht auch die Herrlichkeit der Kirche entsprechen? Und als im 4.Jahrhundert ein römischer Kaiser seine Herrlichkeit als Kaiser mit der Herrlichkeit Gottes legitimierte, da begann etwas falsch zu laufen. Die politische und vor allem auch militärische Macht des Kaisers Konstantin sollte die Herrlichkeit Gottes spiegeln, der in Jesus unter uns erschienen ist. Und da er sich als Schutzherr der Kirche anbot, die Zeit der Verfolgung beendete, ihnen Privilegien einräumte, fand er wenig Widerspruch bei der Kirche. Im Gegenteil: ist nicht eine mächtige Kirche ein besonderer Beweis der Herrlichkeit Gottes? Spiegelt sich nicht im Glanz und der Macht der Kirchen die Herrlichkeit Gottes?
Johannes, der Jesu Wirken mit dem Hochzeitsfest beginnen lässt, erzählt von einer letzten Zusammenkunft Jesu mit seinen Jüngern. Sie sitzen zu Tisch und dann steht Jesus auf, bindet sich eine Schürze um wie ein Sklave und wäscht seinen Freunden die Füße und sagt Ihnen: ein Beispiel habe ich euch gegeben, wie es unter euch sein soll. Und zum Glück haben in der Geschichte der Kirche immer wieder Frauen und

Männer es so verstanden und es sind große Werke der Diakonie und der Inneren Mission entstanden mit Häusern für verwaiste Kinder, für demütigte Frauen, für haltlos gewordenen Männer.

Und wenn wir in Erinnerung an Jesu letzte Tischgemeinschaft mit seinen Freunden beim Abendmahl zusammenstehen, dann dürfen wir der Botschaft Jesu vertrauen: das Abendmahl nicht nur das Mahl der Buße und Sündenvergebung, sondern auch das Mahl der Gemeinschaft untereinander und Vorfreude auf die Zeit, wo wir zu Tische sitzen dürfen im Reiche Gottes. Das Fest der Liebe Gottes mit uns beginnt schon heute, hier und jetzt. Und da kann es nicht anders sein als dass auch wir untereinander Frieden halten und die Liebe Gottes als Nächstenliebe ganz konkret unser Leben bestimmen möchte. Und wir dürfen im Glauben gewiss sein, dass sich die Gemeinschaft mit Gott auch fortsetzen will über den Tod hinaus. Welch ein schönes Bild für das, was uns auch im Tod erwartet: ein Fest in Gemeinschaft mit Gott.

Deshalb gehört die Geschichte von der Hochzeit zu Kana fest zum Weihnachtsfestkreis. Erschienen ist die Liebe Gottes in dem Kinde zu Weihnacht und dann in dem Manne Jesu, der uns den Himmel auftun will. Für Jesus war das Fest so ein anschauliches Beispiel der Einladung Gottes. Nicht ein einfaches Fest, nein, da darf es an nichts mangeln. Und wenn der Wein ausgegangen ist, dann muss eben Nachschub her. Und zwar köstlicher Wein im Überfluss. Ein Wasserkrug, von dem hier erzählt wird, fasste damals zwei oder drei Maß, das sind etwa 40 Liter, d.h. ein Krug fasste ca. 100 Liter und wieviel standen da herum? – 6 Krüge a 100 Liter – voll köstlichem Wein – Ah!!

Welche Freude, Gott lädt uns ein zu seinem Fest der Liebe – um Jesu willen können wir uns daran freuen, jetzt und in alle Zukunft.

AMEN.

Mein Gott – Warum?

Karfreitag

„Mein Gott, mein Gott, warum hast du mich verlassen?“

Mt 27,46

Alle vier Evangelisten berichten vom letzten Leiden und Sterben Jesu am Kreuz. Die Passionserzählungen gehören zu den ältesten Erzählungen im Neuen Testament. Bei vielen Gemeinsamkeiten erzählt doch jeder Evangelist ein wenig anders. Er will seine Deutung der Ereignisse mitteilen. Die Deutung des Sterbens Jesu am Kreuz gehörte zu den zentralen Herausforderungen der ersten Christengemeinden und es ist bis heute schwer zu verstehen, warum Jesus in dieser grausamen Weise sterben musste. In dieser Predigt soll es darum gehen, wie die Evangelisten Matthäus und Johannes den Tod Jesu theologisch deuten. Der entscheidende Satz bei Johannes, sozusagen das Schlusswort Jesu, lautet:

> *Es ist vollbracht.*
> Joh 19,30

Anders bei Matthäus, dort schreit Jesus:

> *Mein Gott, mein Gott, warum hast du mich verlassen?*
> Joh 27,46

Zwei verschiedene Weisen, vom Sterben Jesu zu berichten. Bei **Matthäus** ringt Jesus am Kreuz mit Gott, mit seinem Vater. Seine Jünger hat er gelehrt, Gott als Vater anzusprechen: Vater unser, der du bist im Himmel, geheiligt werde dein Name, dein Reich komme, dein Wille geschehe, wie im Himmel so auf Erden.

So auf Erden! Mit diesem Willen seines Vaters ringt der sterbende Jesus am Kreuz. Ist das der Wille des Vaters? Es schreit aus ihm heraus, mit Worten des Psalm 22: Mein Gott, mein Gott, warum hast du mich verlassen?? Indem Jesus diese Worte aufnimmt verbindet Matthäus das Schreien des sterbenden Jesus mit all dem Schreien vor ihm, neben ihm und nach ihm – mit allen, die nur noch dies haben, so zu schreien: Mein Gott – warum??
Erfahrung tiefster Verlassenheit, wobei ich hoffe, dass nicht viele von uns in diese Tiefen der Erfahrung mussten mit ihrem bisherigen Leben. Wir ahnen vielleicht mehr als wir wissen, wie tief dieser Schmerz der Gottverlassenheit gehen kann. Und so schließt Matthäus: Er schrie abermals laut und verschied, oder besser: verendete elend am Kreuz. In diesem Schrei liegen alle Qualen, aller Schmerz der Gequälten, Gefolterten, Geschundenen dieser Welt – und das sind nicht wenige.
Wenn dies der Schluss des Evangeliums, der frohen Botschaft, wäre wie es Matthäus schrieb, dann wäre da nur tiefste Resignation und Verlassenheit. Es wäre ein Sieg derer, die Menschen zu solchen Opfern machen. Wir wären allein mit der Frage Jesu und unserer Frage: Warum, warum?? Bleibt uns nur das Schreien?
Zum Evangelium, zur frohen Botschaft, ist Jesu Leiden geworden durch den Ostermorgen. Karfreitag und Ostern sind nicht zu trennen. Der schreiende Jesus und der antwortende Vater. Das Wunder der neuen Schöpfung wird nun zur Hoffnung für alle Geschundenen und Geschlagenen und ums Leben Gebrachten. Die mit Jesus schreien sollen einen Vater haben, der hört.

Bei Matthäus am Ende der Passionserzählung der schreiende Jesus. Was ist dem **Johannes** wichtig?

Danach, als Jesus wusste, dass schon alles vollbracht war, spricht er,
mich dürstet. Und als Jesus den Essig genommen hatte, sprach er:
Es ist vollbracht und neigte das Haupt und verschied. Joh 19,28-30

Kein angstvoll schreiender Jesus, sondern in seinen letzten Worten klingt schon die Gewissheit der Antwort Gottes durch, hinaus über den Tod: Es ist vollbracht. Hier erklingt schon am Kreuz die Ostergewissheit. In meinem Sterben ist etwas getan, das nun in Gottes Kraft seine Wirkung entfalten wird. Johannes rückt Karfreitag und Ostern ganz nahe zusammen. **Am Kreuz ist geschehen, was sich Ostern offenbart.**

Aber übergeht Johannes nicht zu schnell die Qual, das Elend, wie es sich im Schreien Jesu ausdrückt. Hat dies für ihn kein Gewicht?
Johannes lässt diese Seite nicht weg. Ostern ohne den Durchgang durch das Leiden und den Tod wäre nicht Ostern. Aber er erzählt es so, dass seine Leser es etwas leichter haben, sich in diese Schreckensszene auf Golgatha einzufinden. Er macht es etwas pädagogischer. Vor dem Sterben erzählt Johannes eine Begebenheit, die nur er so erzählt. Er lenkt unseren Blick einen Moment weg vom Sterbenden am Kreuz hin zu denen unter dem Kreuz, drei Frauen und ein Mann, drei Frauen, die alle Maria heißen, seine Mutter, seine Tante, die Frau des Klopas und seine treue Jüngerin Maria aus Magdala und ein Jünger, der hier keinen Namen hat, aber der wohl Johannes ist.
Und dann heißt es *Als Jesus seine Mutter sah. (26)* Hier lenkt Johannes also unseren Blick weg vom großen Schmerzensmann hin zu der Schmerzensmutter. Johannes lässt die Seite des Leides, des Schmerzes nicht weg, aber er stellt uns die Mutter vor Augen. Uns neben den Schmerzensmann Jesus zu stellen überfordert uns vielleicht, aber neben die Mutter zu treten, das geht leichter.

Die Geschichte der Kirche, des christlichen Glaubens hat gezeigt, dass viele Johannes darin gefolgt sind. In der Mutter unter dem Kreuz fanden sie die Personifizierung allen Schmerzes der Welt. Das Mitleiden mit dem sterbenden Jesus war ihnen leichter, indem sie sich in die Leiden der Mutter vertieft haben. Der Mutter, die mit ansehen muss, wie ihr Sohn elendig gemartert und geschlagen am Kreuz ums Leben gebracht wird. Die Schmerzensmutter, Symbol, Ikone, durchscheinendes Sinnbild für all das sinnlose Morden, Sterben, die Qual, die Zerrissenheit des Lebens. Immer wieder in der Kunst aufgenommen. Für manche ist sie fast schon zu sehr in den Mittelpunkt gerückt und der Schmerzensmann ist zurück getreten. Das war aber nicht Absicht des Johannes.

Und wir? Was machen wir? Zuschauer dieser Tragödie, dass Mütter um ihre Kinder weinen müssen? Johannes hilft uns auch hier weiter. Er zeigt uns in einer kleinen Szene eine Möglichkeit auf, damit zurecht zu kommen.

> *Als nun Jesus seine Mutter sah und bei ihr den Jünger, den er lieb hatte, spricht er zu seiner Mutter: Frau, siehe, das ist dein Sohn! Danach spricht er zu dem Jünger: Siehe, das ist deine Mutter! Und von der Stunde an nahm sie der Jünger zu sich.* Joh 26,27

Und dann der Satz: Es ist vollbracht. Gehört dies noch zu dem, was er zu vollbringen hatte? Jesus eröffnet im Sterben eine Zukunft: sorgt euch umeinander. Stell dich zu der Schmerzensmutter. Die Möglichkeit des Mit-Leidens.
Auch Johannes will also diese dunkle Seite im Sterben Jesu nicht ausblenden. Aber er sieht sie schon im Lichte von Ostern, schon in der Perspektive einer Lebensmöglichkeit, die diese Schmerzen lindert und hindert: Eine neue Gemeinschaft unter den Menschen im Zeichen des Kreuzes.
Der Schrei „Warum hast du mich verlassen?“ Findet eine Antwort im Satz des Sterbenden „Es ist vollbracht“. So wie Gott Jesus aus dem Tod löst, so auch uns. Die Macht des Todes ist am Kreuz zerbrochen.
Diese Gewissheit der Erlösung haben wir allein im Glauben - aber was heißt „allein“ – der Glaube kann Berge versetzen, da ist schon einiges möglich an gelebter Liebe und Versöhnung. Hier hilft uns Johannes mit seiner kleinen Szene: Das Mit-Leiden als eine Möglichkeit, das Leben nicht dem Tod zu überlassen.
Im Namen des Gekreuzigten und Auferstandenen dagegen aufstehen, wo Menschen in eine Lebenssituation kommen, wo ihnen nur noch das Schreien nach Gott bleibt. Wenn sich die Gemeinde einladen lässt an den Tisch des Auferstandenen, dann ist Beides beisammen: Erinnert euch an meine Hingabe am Kreuz und lebt diese neue Lebensgemeinschaft, bis dass ich es mit euch neu feiere in Gottes Reich.

Gut, dass die Evangelisten die Passion Jesu nicht mit den gleichen Worten erzählen, sondern jeweils ihre Deutung hervorheben. In der Sache sind sie sich einig, aber es bleibt die Freiheit für uns, die eine oder andere Seite dieses Geschehens aufzunehmen und zu bedenken, unsere eigene Glaubenserfahrung darf dabei zu Worte kommen – denn wer will das Geheimnis Gottes ganz verstehen? Eines können wir. Im Glauben zu allem, was mit Jesus geschah unser JA sagen. Darauf ein.

AMEN – Ja, so soll es sein.

Der Weg nach Emmaus

Ostern

„Und siehe, zwei von den Jüngern gingen an demselben Tage in ein Dorf, das war von Jerusalem etwa zwei Wegstunden entfernt; dessen Name ist Emmaus“

Lukas 24,13

Da sind zwei Männer, die zum großen Jüngerkreis von Jesus gehörten. Sie gehen gebeugt und langsam, Schultern nach vorne, Kopf nach unten, man merkt, sie haben keine innere Spannkraft, enttäuscht, sorgenvoll, das Leben ist mühsam.
Wenn wir jetzt einen Workshop in Bibliodrama hätten, also eine Weise, Bibel nicht nur zu hören und darüber zu reden, sondern sich in die Personen hineinzuversetzen, ihren Gefühlen nachzuspüren, dann wäre die Frage: Wie geht man mit einer inneren Last, verzagt, sorgenvoll? Das nimmt den ganzen Körper mit, man sieht es Menschen äußerlich an, wenn innere Lasten drücken.

Was lässt Menschen so verzagt und kleinmütig gehen? Etwa wie der junge Mann, von dem ich in der Zeitung las. Er hatte viele Bewerbungen geschrieben, bekam selten eine Antwort. Da er keine gute Ausbildung erhalten hatte, fand er keinen Job, gehört statistisch in die Gruppe der Jugendlichen mit hoher Arbeitslosigkeit. Und er sagte im Interview: Morgens, wenn ich aufwache, sage ich mir, du bist ein Verlierer; ich bin nichts wert in dieser Gesellschaft, ich schaffe es nie, ich bin nicht zu gebrauchen. Und dann - so fügt er hinzu – sage ich mir: Du darfst nicht aufgeben, versuche es wieder, lass dich nicht hängen.

Die beiden Männer auf dem Weg nach Emmaus haben zu dieser Selbstermutigung schon keine Kraft mehr. Für sie ist die Tatsache, dass Jesus gekreuzigt wurde, dass er nun tot ist, ein Schlusspunkt. Da gibt es keine Selbstermutigung mehr. Ihre Welt ist zusammengebrochen, ihre Hoffnungen sind tot.
Die Bezeichnung der Erzählung als Emmausjünger verdeckt die Dramatik, dass sie von Jerusalem weg gehen. Jerusalem, das ist die Stadt des Heils, der Erlösung, der Erwartung des Messias. Dort liegt der Berg Zion mit dem Tempel, Gegenwart Gottes und Ort künftiger Gemeinschaft mit Gott. Sie gehen weg von Jerusalem, alles Gehoffte, Geglaubte, in Jesus Erwartete – es liegt hinter ihnen. Wir können nur erahnen, wie schwer ihre Schritte sind, für sie ist auch noch nach drei Tagen Karfreitag auf dem Weg weg von Jerusalem. Wie sollte es auch anders sein nach dieser Katastrophe.

Und sie redeten miteinander von all diesen Geschichten.
V. 14

Die Psychologie und auch die Seelsorge wissen, wenn Menschen über das reden können, was sie bedrückt und bedrängt, da ist ein ersten Schritt getan, der möglicherweise aus dieser Lebenssituation herausführt. Ein erster Schritt: von dem sprechen, was mich bedrückt, bedrängt, niederdrückt. Da wo Menschen stumm werden vor sich, im Miteinander einer Ehe, unter Freunden, am Arbeitsplatz, in der Politik, wo auch immer – wo wir verstummen, da breitet sich der Tod aus. Da ist Karfreitag.
Nicht da, wo wir das Schweigen und die Stille lernen, das hilft ja zum Hören nach Innen und nach Außen – nein, wo Menschen stumm werden. Jesus hat nicht die Stillen geheilt, die hat er eher seliggepriesen, aber die Stummen, die brachte er zum Leben zurück.

In einer christlichen Gemeinde, in einer österlichen Gemeinde, gehört es zur Seelsorge untereinander, das wir Christinnen und Christen einander zuhören, die Gelegenheit schaffen zu reden über das, was unser Leben einengt, beschwert. Das ist z.B. die Funktion eines Besuchsdienstes in einer Gemeinde. Da geschieht ja eigentlich nichts Spektakuläres, oder?

> *Und es geschah, als sie so redeten und sich miteinander besprachen, da nahte sich Jesus selbst und ging mit ihnen. Aber ihre Augen wurden gehalten, dass sie ihn nicht erkannten.*
> V. 14-16

Ja, da geschieht nichts Spektakuläres. Da ist ja nur der Andere, der Freund, die Nachbarin, das Gemeindemitglied, der Besuchsdienst. Aber wenn wir einander zuhören, miteinander reden über all die Geschichten, die uns bewegen, da dürfen wir auf die Gegenwart des Auferstandenen hoffen.
Jesus ist in der Erzählung des Lukas ein exzellenter Seelsorger. Er macht den zweiten Schritt: er konzentriert das Gespräch, er führt es zu der entscheidenden Stelle, aber nicht als jemand, der die Antwort bereit hat. Durch seine Fragen führt er weiter:

> *Er sprach aber zu ihnen: Was sind das für Dinge, die ihr miteinander verhandelt unterwegs?*
> V. 17

Und da bricht es aus ihnen heraus:

> *Bist du der einzige unter den Fremden in Jerusalem, der nicht weiß, was in diesen Tagen dort geschehen ist?*
> V. 18

Wenn wir jetzt bibliodramatisch arbeiten würden, müssten wir versuchen, diesen Satz des Kleopas nachsprechen und unterschiedlich zu betonen: Bist du er Einzige unter den Fremden, der nicht weiß was geschehen ist – jedermann weiß es doch, die Stadt redet doch davon, wie kann das an dir vorbei gegangen sein? Oder. Bist du der Einzige, der nicht weiß, was geschehen ist. Hast du es nicht begriffen, ist dir das

Ausmaß des Ganzen nicht klar? Unser ganzes Leben ist verändert und du weißt nicht, was da geschehen ist? Oder: Bist du der Einzige unter den Fremden in Jerusalem, der nicht weiß, was in diesen Tagen dort geschehen ist? Was da geschieht, ist nicht etwas aus fremden Regionen, nein, hier mit uns geschieht das, jetzt, wir sind dabei.
Und wieder der Seelsorger Jesus:

Und er sprach zu ihnen: Was denn?
V. 19

Und nun beginnen sie alles zu erzählen, was sie bedrückt und ängstigt. Sie sprechen von der Kreuzigung Jesu und ihren großen Hoffnungen.

Wir aber hofften, er sei es, der Israel erlösen werde. Und über das alles ist heute der dritte Tag, dass dies geschehen ist. Auch haben uns erschreckt einige Frauen aus unserer Mitte, die sind früh bei dem Grab gewesen, haben seinen Leib nicht gefunden, kommen und sagen, sie haben eine Erscheinung von Engeln gesehen, die sagten, er lebe. Und einige von uns gingen hin zum Grab und fanden es so, wie die Frauen sagten; aber ihn sahen sie nicht.
V. 21-24

Angemerkt: das leere Grab weckt nicht den Osterglauben, vielmehr stiftet es eher Unruhe. Viel Streit gibt es um das leere Grab, viel Gelehrtenschweiß ist vergossen – aber es hilft nicht zum Glauben. Vorher wird erzählt, wie Petrus zum Grab läuft, weil er den Frauen wieder einmal nicht glaubt, er sieht in das Grab *und ging davon und wunderte sich über das, was geschehen war. (12)* – das war's.
Jesus weist die Jünger auf einen anderen Weg.

Musste nicht Christus dies erleiden und in seine Herrlichkeit eingehen? Und er fing an bei Mose und allen Propheten und legte ihnen aus, was in der ganzen Schrift von ihm gesagt war.
V. 26-27

Das Hören auf die Zeugnisse der biblischen Texte – im Hören, darüber reden, auslegen, gemeinsam verstehen – da kann der Glaube wurzeln. Jesus der Katechet, die Religionslehrerin; die Bibelstunden, Bibelwoche, Andachten, Losungstexte, Gottesdienste, wo auch immer. Wo dies geschieht, beginnt die Veränderung weg von den Karfreitagserfahrungen hin zu der Möglichkeit des Osterglaubens. Und genau so erzählt Lukas seine Ostergeschichte zu Ende, wieder dramatisch gut. Sie haben den Weg nach Emmaus hinter sich.

> *Und Jesus stellte sich, als wollte er weitergehen. Und sie nötigten ihn und sprachen: Bleibe bei uns, denn es will Abend werden und der Tag hat sich geneigt. Und er ging hinein, bei ihnen zu bleiben.*
> V. 28-29

Die Bitte um die Gegenwart des Auferstandenen geht nicht leer aus. Und Lukas hilft seinen Lesern zu verstehen, in welcher Weise der Auferstandene bei ihnen bleibt:

> *Und es geschah, als er mit ihnen zu Tisch saß, nahm er das Brot, dankte, brach's und gab's ihnen. Da wurden ihre Augen geöffnet und sie erkannten ihn und er verschwand vor ihnen.*
> V. 30-31

Und er verschwand vor ihnen – eigentlich nicht richtig ausgedrückt, oder Ja und Nein - Er ist nicht leibhaftig vor Augen, aber er ist präsent. Er ist da, wo Menschen sich das Brot teilen, die Tischgemeinschaft gewähren, wo sie als Gemeinde miteinander sich an seinem Tisch versammeln – Geglaubte Gegenwart des Auferstandenen Christus.
Was hier geschieht – da wurden ihre Augen geöffnet - das entzieht sich unseren seelsorgerlichen Möglichkeiten. Das können wir bei anderen Menschen nicht machen, die österliche Lebensfreude ist Geschenk des Heiligen Geistes. Wir können uns gegenseitig die Schrift eröffnen, wie es Jesus mit den traurigen Wanderern tat. Aber dass die Augen aufgehen für die Wirklichkeit von Ostern, das ist erhofftes, erbetenes Geschenk. Das aber geteilt sein will:

> *Und sie standen auf zu derselben Stunde, kehrten nach Jerusalem zurück.*
> V. 33

So wie wir am Anfang, zumindest virtuell, den Gang der Jünger erprobten, so müssten wir jetzt auch wieder gehen – gehen? Laufen, springen?

Und der Jubel schlägt ihnen schon entgegen:

Der Herr ist wahrhaftig auferstanden und Simon Petrus erschienen.
V. 34

Und sie erzählen sich gegenseitig ihre Erfahrungen, wenn sie sich zu Wort kommen lassen – wem das Herz voll ist, dem fließt der Mund über.

Auferstehung – mitten im Leben. Die hängenden Schultern straffen sich, der müde Gang belebt sich, der gesenkte Kopf schaut wieder nach vorn – Erfahrungen, die wir einander ermöglichen können. Wir dürfen einander zuhören, uns entlasten, beistehen – Auferstehung mitten im Leben, geglaubte Gegenwart des Auferstandenen Christus in Gottes geliebter Welt.

Der Herr ist auferstanden
– er ist wahrhaftig auferstanden – Halleluja

Ein Weinbergslied

Ostern

„Singen will ich für meinen besten Freund …“

Jesaja 5, 1-7

Der Propheten Jesaja entführt uns auf ein Fest, ungefähr 700 Jahre vor Jesu Lebenszeit. Es ist Erntezeit in Israel, das Herbst-Lese-fest wird gefeiert. Nach einem anstrengenden Arbeitsjahr wird nun ausgelassen gefeiert, eine ganze Festwoche lang. Auf den Höfen der Häuser, auf ihren Dächern, auf allen Plätzen und beim Tempel sind Laubhütten gebaut, in denen die Menschen in dieser Woche wohnen, in Erinnerung an Gottes Bewahrung beim Auszug aus Ägypten und als Zeichen unserer Bedürftigkeit vor Gott.

Es ist eine Zeit des Friedens, es geht den Menschen in Juda und in Jerusalem gut. Am ersten und achten Tag versammelt sich die Gemeinde im Tempel, Gott zu danken und zu loben und um gutes weiteres Geleit zu bitten und um eine gute Ernte im kommenden Jahr.
Ja ein fröhliches Fest – und da kommt auch der Prophet Jesaja. Die Menschen Jerusalems verziehen ihr Gesicht. Was will er hier? Will er wieder mit seine negativen Sprüchen unsere gute Stimmung verderben? Nein, heute scheinbar nicht, ein Lied stimmt er an:

Singen will ich für meinen besten Freund,
ein Lied von meinem Freund und seinem Weinberg.
Einen Weinberg hatte mein Freund
auf einer fetten Anhöhe.

Ah, Jesaja hat sich von der Feststimmung anstecken lassen. Die allgemeine Freude und Ausgelassenheit hat auch ihn ergriffen, wie schön. Lasst uns hören, er singt ein Liebeslied. Als bester Freund eines Bräutigams tritt er auf, nach alter Sitte ist dieser Freund Bote zwischen Bräutigam und seiner Braut und führt die Braut dann dem Bräutigam entgegen. Ein Liebeslied stimmt Jesaja an – das Bild vom Weinberg ist allen Hörern ein vertrauter Vergleich mit der Braut. Lasst hören, was er singt.

Mein Freund hatte einen Weinberg auf fetter Höhe,
und er grub ihn um und entsteinte ihn und pflanzte darin edle Reben.
Und er baute einen Turm in seiner Mitte,
auch eine Kelter schlug er aus dem Felsen
und hoffte darauf, dass er gute Trauben brächte

Ja, ein schönes Lied, das der Prophet da singt. Wahrlich ein Liebeslied. Der Bräutigam wirbt um seine Braut. Was soll der Weinbergsbesitzer noch mehr tun für seinen Weinberg, guter Boden, die Steine verlesen, edle Trauben gepflanzt, einen Turm gebaut ihn zu bewachen vor Vögeln und Dieben, auch für die Ackergeräte. Auch eine Kelter zum Pressen der Trauben – welche Fürsorge bringt der Besitzer des Weinberges da auf. Wahrlich ein Verliebter, der sich so müht um seine Braut. Ja, seine Hoffnungen sind berechtigt!

Und er hoffte darauf, dass er gute Trauben brächte –
Und er brachte nur schlechte. Harte kleine ungenießbare Trauben!

Und da singt der Prophet nicht mehr das Lied des Freundes für seinen Freund, er redet die versammelte Gemeinde an:

> *Und nun, Bewohner Jerusalems und Männer aus Juda – richtet zwischen mir und meinem Weinberg. Was sollte ich denn noch mehr tun an meinem Weinberg, das ich nicht getan habe an ihm? Warum hoffte ich, dass er gute Trauben brächte und er brachte schlechte?*

Die Menschenmenge wird ihm zustimmen. Da wird ein Liebender an der Nase herum geführt. Sein Werben findet kein Echo, die Umworbene lässt ihn sitzen. Ein trauriges Liebeslied über einen betrogenen Bräutigam. Aber da singt Jesaja schon weiter:

> *Wohlan, ich will euch wissen lassen, was ich mit meinem Weinberg tun will.*
> *Entfernen seine Hecke, dass er verwüstet wird,*
> *einreißen seine Mauer, dass er zertreten wird.*
> *Dann gebe ich ihn zum Plündern frei, er wird nicht beschnitten*
> *und wird nicht gehackt*
> *und Dornstrauch und Distel werden wachsen!*
> *Und den Wolken befehle ich, nicht über ihn zu regnen.*

Ja, werden die Leute denken, Recht geschieht das der Umworbenen! Aber wer ist eigentlich der Bräutigam? Wer redet da in diesem Lied? Wer hat Macht, den Wolken zu gebieten?
Nun wird er Prophet ganz direkt:

> *Ja, der Weinberg Jahwes, unseres Gottes, ist das Haus Israel und*
> *die Männer Judas sind seine Pflanzungen, an der sein Herz hing.*
> *Und er wartete auf Rechtsspruch, siehe, da war Rechtsbruch;*
> *auf Gerechtigkeit, siehe, da war Geschrei über Schlechtigkeit.*

Das so schön begonnene Weinbergslied wird vor den Ohren der Hörer zu einer zu Herzen gehenden Klage Gottes über sein erwähltes Volk. Gott ist der Liebende, der um sein Volk wirbt. Gott wird hier sitzen gelassen, seine Liebe wird verschmäht. Wie ist das gemeint? Wir hörten es: Warum statt Recht und Gerechtigkeit nur Unrecht, warum statt guter Trauben, an denen sich das Herz erfreut nur ungenießbares saures Zeug, das allein zu wegwerfen taugt. Und was mit den schlechten Trauben gemeint ist, können wir im Kap 5 bei Jesaja lesen:

Weh denen, die ein Haus zum anderen bringen und einen Acker an den anderen rücken, bis kein Raum mehr da ist und sie allein das Land besitzen.
V. 8

Weh denen, die des Morgens früh auf sind, dem Saufen nachzugehen, und sitzen bis in die Nacht, dass sie der Wein erhitzt. Und haben Harfen, Pfeifen, Wein in ihrem Wohlleben und sehen nicht auf das Werk des Herrn und schauen nicht auf das Tun seiner Hände.
V. 11f

Weh denen, die Böses gut und Gutes böse nennen, die aus Finsternis Licht und aus Licht Finsternis machen, die aus sauer süß und aus süß sauer machen!
V. 20

Das Weinbergslied aus dem 5.Kap. des Jesaja eine zu Herzen gehende Klage Gottes über sein Volk! Eine zu Herzen gehende Klage? Der Prophet singt nicht weiter, was wird werden? Trifft sein Lied auf offene Ohren, wie bei den Leuten in Ninive, die sich anklagen, Buße tun und ihr Leben ändern? Oder trifft es auf verstockte Ohren, steigt der Zorn auf den Propheten, der die Festfreude so stört?

Sollte Gott uns wirklich zur Rechenschaft ziehen für unser unsoziales Leben, für die vielen Ungerechtigkeiten, die Korruption, die Anhäufung von Geld und Macht auf Kosten anderer, für die Armut in vielen Ländern der Erde, die Millionen Flüchtlinge, die Kriege, die Ausbeutung der Schätze der Erde?
In unserem Glaubensbekenntnis bekennen wir uns zu Gott dem Schöpfer und Erhalter der Welt. Mit den jüdischen Geschwistern bekennen wir mit den Wortes der alten Schöpfungserzählung: Gott schuf, sah es an - und siehe, es war sehr gut! Und der Mensch hat den Auftrag zu bewahren und zu pflegen. Und der Weinbergsbesitzer hoffte auf gute Trauben.

Das alte Weinbergslied der Klage Gottes über sein Volk uns heute gesungen - als Bußlied? Er erwartet unter uns Rechtsspruch – aber siehe da: Rechtsbruch. Er hofft auf Gerechtigkeit – aber da ist Geschrei über Schlechtigkeit. Können wir uns der Klage Gottes aussetzen? Was wird der Weinbergsbesitzer nun tun?

Paulus schreibt in seinem Brief an die Gemeinde in Rom:

> *Da wir nun gerecht geworden sind durch den Glauben, haben wir Frieden mit Gott durch unseren Herrn Jesus Christus.*
> Röm 5,1

Geht das Weinbergslied des Propheten so weiter? Ja, Gottes Klage über die Untreue seiner geliebten Menschen, die Klage über die ausbleibenden Früchte der Liebe geht so weiter, dass er ein Letztes tut – er sandte seinen Sohn. Und im Sterben des Sohnes da kippt die Logik noch einmal – nicht, um zu töten und umzubringen, sondern um zu erretten hängt Jesus am Kreuz. **Wer an ihn glaubt hat Frieden mit Gott.** Hier geht Paulus in einem kühnen Schritt weiter als all unsere Befürchtungen einer gerechten Strafe.

So haben wir beides: die ernüchternde Feststellung unseres Unvermögens, er hoffte auf gute Trauben und da waren saure! – und zum anderen: Der Glaube hängt sich an die Liebe des Schöpfers, immer im Wissen darum, dass wir aus Gnade gerettet sind. Jesus hat dem Weinbergslied eine neue Strophe zugefügt.

> *Ich bin der Weinstock, ihr seid die Reben. Wer in mir bleibt und ich in ihm, der bringt viel Frucht.*
> Joh 15, 5

Das Liebeslied vom Weinberg, den Gott gepflanzt und gehegt hat, es findet um Jesu willen ein anderes Ende: noch einmal Paulus im Römerbrief:

> *Wir rühmen uns der Hoffnung der zukünftigen Herrlichkeit. Hoffnung aber lässt nicht zuschanden werden; denn die Liebe Gottes ist ausgegossen in unsere Herzen durch den heiligen Geist, der uns gegeben ist.*
> Röm 5,5

Lasst uns mit unserem Leben ein Echo geben auf den liebenden, um uns werbenden Gott. Unser Leben sei ein Liebeslied auf den großen Liebhaber seiner Welt.

AMEN

Hände, die zum Beten ruhn

„… dass man vor allen Dingen tue Bitte, Gebet, Fürbitte und Danksagung für alle Menschen.“

1.Tim 2,1

So ermahne ich euch nun, dass man vor allen Dingen tue Bitte, Gebet, Fürbitte und Danksagung für alle Menschen, für die Könige und für alle Obrigkeit, damit wir ein ruhiges und stilles Leben führen können in aller Frömmigkeit und Ehrbarkeit. Dies ist gut und wohlgefällig vor Gott, unserem Heiland, welcher will, dass allen Menschen geholfen werde und sie zur Erkenntnis der Wahrheit kommen. Denn es ist ein Gott und ein Mittler zwischen Gott und den Menschen, nämlich der Mensch Christus Jesus, der sich selbst gegeben hat für alle zur Erlösung.
1.Tim 2,1

Der Sonntag **rogate** – bittet! - fordert uns auf zum Gebet. Wenn wir im Neuen Testament lesen, so wird in den Evangelien und allen anderen Schriften immer auch das Gebet vorkommen. Das Beten ist eine Praxis des Glaubens von Anbeginn, sozusagen Grundbaustein christlicher Lebenspraxis. Wir hören in den Evangelien, wie wichtig das Gebet für Jesus war. Jesus lebte in der religiösen Glaubenspraxis des Volkes Israel. Ihm war nicht nur das öffentliche Gebet im Tempel wichtig, sondern,

immer wieder einmal heißt es: und er zog sich allein zurück zum Beten. Dieses ganz persönliche Beten, diese persönliche Zwiesprache mit Gott war ein Kennzeichen seiner Gottes-Beziehung. Und er ermunterte die Männer und Frauen, die ihm folgten, in eine solche Beziehung einzutreten und Gott Vater zu nennen. Diese persönliche Zwiesprache mit Gott, unserem Vater, das ist also ein besonderes Kennzeichen christlicher Gebetspraxis.
In der Bergpredigt spricht Jesus auch über das Beten, kritisiert dabei eine Praxis sich öffentlich beim Beten darzustellen und empfiehlt stattdessen:

> *Wenn du betest, so geh in dein Kämmerlein und schließ die Tür zu und bete zu deinem Vater, der im Verborgenen ist; und dein Vater, der in das Verborgene sieht, wird dir's vergelten.*
> Mt 6, 6

Diese ganz persönliche Gebetspraxis kann sich natürlich öffnen für das Miteinander mit der Partnerin, dem Partner, der Freundin, dem Freund, in der Familie mit den Kindern. Aber es bleibt eine nicht öffentliche persönliche Form des Betens und ist angewiesen auf einen vertrauten Raum. Und hier kann ich nicht mit dem Briefschreiber sagen: Ich ermahne Euch. Der Imperativ „rogate- betet" möchte ich so übersetzen: lass Dich/ lasst Euch einladen zum Beten. Befehlen lässt sich da nichts. Das Beten als innige Beziehung zu Gott kann ich nicht anordnen, sondern ich will einladen und Mut machen, dass wir unsere je eigene Art zu beten finden.

Nun spricht der Briefschreiber nicht über dies so persönliche Beten, sondern er schreibt an eine Gemeinde. Das Gebet ist nicht nur eine private Glaubensäußerung, sondern das Gebet hat im Gottesdienst seinen festen Platz, also in der versammelten Gemeinde. Hier nennt er unterschiedliche Formen und Inhalte: Bitten und Fürbitte, Dank und Lob. Betrachten wir die **Fürbitte**, da sie ein fester Bestandteil jeden Gottesdienstes ist. Warum ist sie so wichtig?

Wer Fürbitte hält, möchte Veränderung!
Die christliche Gemeinde, die für andere Fürbitte hält, also die Lebenssituation anderer Menschen vor Gott bringt, möchte sich mit dem Bestehenden nicht abfinden, sie will darüber hinaus – und zwar in der Hoffnung auf Gottes Geistesgegenwart, im Vertrauen auf die Zusage vom Kommen des Reiches Gottes. So ist jede Fürbitte eine Entfaltung der Bitte:

Dein Reich komme und dein Wille geschehe.

Vielleicht ist dies eine mögliche Antwort auf die bedrängenden Fragen nach der Erhörung unserer Gebete. Schon in den Psalmen finden wir die Klage darüber: Ich rufe und du antwortest mir nicht; ich schreie und du scheinst nicht zu hören. Wenn all unser Beten die Entfaltung der eine Bitte ist - Dein Wille geschehe – dann sollen wir dies auch Gott zugestehen, dass es sein Wille ist, der geschehen soll.
Einprägsam findet sich dies in der Überlieferung der Passionsgeschichte, Jesu Gebet vor seiner Verhaftung im Garten Gethsemane. Auch ein ganz persönliches Gebet allein, er geht weg von den Jüngern. Also niemand war dabei, aber die Entfaltung dieser Gebetssituation in der Passionserzählung beschreibt sehr genau, was es mit dem Beten auf sich hat. Jesu Bitte, lass dies an mir vorübergehen - aber (bei Lukas ist das am deutlichsten formuliert) **doch nicht mein, sondern dein Wille geschehe.** Der Beter gibt sich ganz in die vertrauensvollen Arme des himmlischen Vaters. Eine mögliche Antwort auf die Fragen nach der Erhörung unser Gebete: Das Zutrauen, das auch unsere Gebete aufgehoben sind in dieser einen Bitte: Dein Wille geschehe.

Zu dieser Bitte, dein Wille geschehe, dein Reich komme passt die Ermahnung unseres Textes, dass man vor allen Dingen tue Bitte, Gebet, Fürbitte und Danksagung für alle Menschen. In der Fürbitte denkt der Beter zunächst nicht an sich selbst, sondern das Gebet der christlichen Gemeinde zielt darauf, dass es allen Menschen gut bzw. besser gehen möge. Dies, so heißt es weiter, ist gut und wohlgefällig vor Gott, welcher will, dass allen Menschen geholfen werde und sie zur Erkenntnis der Wahrheit kommen.
So ist Kirche/Gemeinde, wenn sie betet, speziell wenn sie Fürbitte leistet, ganz bei ihrem eigenen Auftrag. Dass allen Menschen geholfen werde – und damit ist die Gemeinde beteiligt an Gottes Wirken in der Welt.

Gottes Werben um die Welt zielt auf den Schalom der Welt. Der hebräische Begriff Schalom meint ganz umfassend Heil und Frieden und geglücktes Leben. Gott will, dass allen Menschen geholfen werde – ganz unabhängig von ihrer Antwort, ganz unabhängig auch davon, ob Menschen Gott vertrauen oder ihn bestreiten.

Jesu Kreuz und Auferstehung ist ein Geschehen für alle Welt!

Jesus ließ exemplarisch erleben, was Gottes Wille mit seiner Welt ist: Die Geschichten erzählen davon, wie er den Menschen geholfen hat in ihrer konkreten Lebenssituation, die Armen sollen teilhaben am Wohlstand der Erde, die Entrechteten sollen zu ihrem Recht finden, die Gedemütigten Zuspruch und Anerkennung erfahren usw. Das ist das Ziel Gottes mit seiner Welt – mit dem hebräischen Wort aus den Schriften Israels: Schalom. Und die Kirche ist Gehilfe Gottes bei diesem seinem Werk und daher sie ist mit ihrem Gebet ganz bei ihrer Sache.

Deswegen heißt es im Timotheusbrief. Wir sollen beten für die Könige und Obrigkeiten, damit wir in Frieden leben können. Dafür ist die Obrigkeit, wir sagen heute der Staat da, dass er für Recht, Gerechtigkeit und Frieden sorgt. Das ist seine Aufgabe! Die Kirche ist keine politische Partei und macht in diesem Sinne auch nicht Politik, aber wo der Staat und seine Repräsentanten ihrer Aufgabe nicht nachkommen, da soll Kirche mahnen und erinnern. Und im Gebet tritt die Gemeinde vor Gott dafür ein, dass die „Obrigkeit", „die Regierenden" sich ihrer Verpflichtung bewusst werden und sich nicht ihrer Aufgabe entziehen, für Recht und Gerechtigkeit und Frieden zu sorgen. Eine so betende Kirche tritt dann auch selbst konkret ein für Frieden, Recht, Gerechtigkeit, Erhaltung der Natur.
In ihrem Gebet sucht die Gemeinde Jesu den Kontakt zu dem, der über alles Bitten hinaus geben kann und geben will. Wir beten nicht als Ersatz für unser eigenes helfendes, heilendes, gerechtes Tun, sondern als Täter des Wortes beten wir. Wir bitten im Gebet nicht ersatzweise, sondern einsatzweise. (Gerhard Ebeling)

Die Hände, die zum Beten ruhn, die macht er stark zur Tat. Und was der Beter Hände tun, geschieht nach seinem Rat.
EG 457,11

Vielleicht hat der Dichter Jochen Klepper eine weitere mögliche Antwort formuliert auf unsere Fragen nach der Erhörung der Gebete. Die Hände, die zum Beten ruhn, die macht er stark zur Tat. Das meint doch: Gott gibt die Antwort auf unser Beten – durch das Beten hindurch - in unsere Hände zurück. Ich denke, dass viele unserer Gebete ihre Erfüllung in unserem Tun finden – stark gemacht durch das Gebet. Also nicht ohne das Beten, sondern durch das Beten kommt sozusagen die Antwort auf uns zurück – nicht immer gleich sichtbar, aber im Nachhinein oft deutlich. Z.B. Wer für den kranken Freund betet, gewinnt durch das Gebet die Kraft, ihn zu besuchen, so schwer es sein mag und zu trösten und beizustehen. Was der Beter Hände tun, geschieht nach seinem Rat.

Das Gebet ist also gerade nicht Rückzug aus der Welt, wie es Christen oft vorgeworfen wird, sondern aktive Teilnahme an den Leiden der Kreatur, an den Hoffnungen und Ängsten aller Menschen. Selbst da, wo das Beten ganz im Stillen, im „Kämmerlein" geschieht, ist es doch ganz gegenwärtig. Im Gebet sammelt sich das Leben in seiner ganzen Intensität; die stärksten Affekte haben hier ihren Ort; Angst und Freude, Verzweiflung und Gewissheit, Klage und Jubel. Ich als Einzelner, als Einzelne gehöre mit meinem Gebet in den Strom der betenden Gemeinde. Ob nun allein oder in der Gemeinschaft der Gemeinde, unser Beten ist getragen von der Verheißung Jesu:

Bittet, so wird euch gegeben; suchet, so werdet ihr finden;
klopfet an, so wird euch aufgetan
Mt 7, 7

AMEN

Gewissen schärfen

„Es ist dir gesagt, Mensch, was gut ist und was Gott, der Herr von dir fordert, nämlich Gottes Wort halten und Liebe üben und demütig sein vor deinem Gott."

Micha 6,8

Ein Wort des Propheten Micha aus dem 7.Jh vor Christus, das sich uns heute als lebendiges Wort Gottes erschließen will.

Es ist dir gesagt, Mensch, was gut ist.

Die Empfangsstation für das, was gesagt ist, ist unser **Gewissen**. Das ist einer der gravierenden Unterschiede von uns Menschen zu aller anderen lebendigen Schöpfung, dass wir ein Gewissen haben und zwar alle Menschen. Deswegen kann es hier so allgemein heißen, es ist dir gesagt, Mensch – unabhängig von Kultur, religiösen Vorlieben, der Herkunft, der Lebensumstände usw. Das Gewissen ist der Ort, wo ein Mensch sein Menschsein bewährt. Es ist unser Gewissen, das sich in uns regt, wenn etwas ungerecht zugeht, wenn wir sehr genau merken, dass etwas nicht stimmt, was wir da tun und reden. Es ist das Gewissen in uns, das uns erinnert und unterscheiden hilft von Gut und Böse.

Indem ich das Gewissen als Ort in uns anführe, wo wir hören, was gut für uns und alles gemeinsame Leben der Menschen ist, habe ich bereits einen Bogen gespannt vom Propheten Micha im 7.Jh vor Chr. hin ins 16.Jahrhundert in die Zeit der Reformation. Nehmen wir Martin Luther als Exempel. Es ist oft betont, dass Luther an den Beginn eines Zeitabschnittes gehört, den wir als Neuzeit bezeichnen. Ein Kennzeichen der Neuzeit war die Entdeckung oder Betonung des Individuums, des einzelnen Menschen. Micha denkt kollektiv – „Mensch", da steht ihm das Volk Gottes vor Augen, die Menschen in den Staaten Israel und Juda. Im Sinne der Reformation müssen bzw. können wir anders betonen: Es ist **DIR** gesagt, Mensch, was gut ist. DU wirst auf dein Mensch-Sein angesprochen. D.h. auch: Niemand kann sich mehr hinter der Masse verstecken- es machen doch alle so! Sondern Ich / Du / Wir sind als Einzelne verantwortlich unserem Gewissen zu folgen.
Das war die Einsicht Luthers, die auch wesentlich zur Erneuerung der Kirche beitrug - dramatisch deutlich geworden als der Mönch vor Kaiser und den weltlichen und geistlichen Obrigkeiten seine Schriften widerrufen sollte. Der einprägsame Satz, ob historisch verbürgt oder nicht, ist bekannt: Hier stehe **ICH**, ich kann nicht anders. Und immer wieder lesen wir in seinen Schriften und Predigten: Du stehst als Einzelne, als Einzelner vor deinem Gott. Du bist nach deinem Glauben, deinem Vertrauen, deiner Liebe gefragt. Es ist **dir**, Mensch, gesagt, was gut ist.
Was aber meint dies? Nun wissen wir alle, dass unser Gewissen sich in uns bildet durch Erziehung, Kultur, Religion. Es braucht also eine Instanz, um unser Gewissen zu orientieren. Denn es ist doch die Frage: An welche Werte und Normen ist unser Gewissen gebunden?
Deswegen geht unser Satz weiter: Es ist dir gesagt, Mensch, was gut ist und was Gott, der Herr, von dir fordert; und als erstes nennt der Prophet: Gottes Wort halten.
Da haben wir die Instanz, an die sich unser Gewissen binden kann: Gottes Wort. Noch einmal die dramatische Szene auf dem Reichstag zu Worms: Hier stehe ich, ich kann nicht anders. Und dann - das ist sicher verbürgt, sagte Martin Luther:

Ich kann und will nicht widerrufen, weil weder sicher noch geraten ist, etwas wider das Gewissen zu tun. Es sei denn, dass ich mit Zeugnissen der Heiligen Schrift oder mit öffentlichen, klaren und hellen Gründen und Ursachen widerlegt werde, denn ich glaube weder dem Papst noch den Konzilen allein, weil es offensichtlich ist, dass sie oft geirrt und sich selbst widersprochen haben. Gott helfe mir. Amen.

Diese Bindung seines Gewissens an das Wort Gottes gab ihm die **Freiheit**, das alles durchzustehen, unter Zittern und Zagen einzustehen für das, was ihn bindet

und wenn die Welt voll Teufel wär und wollt uns gar verschlingen.

Zugleich wird in diesem Zitat deutlich, dass Luther genau weiß, dass unser Gewissen auch korrumpiert werden kann.

Jetzt müssen wir natürlich reden von der allgegenwärtigen Erfahrung, dass es Menschen gibt, die Gewissenslos zu handeln scheinen, oder deren Gewissen nicht anschlägt bei Folter, Vergewaltigung, Mord, Ausbeutung, denen das Wort Menschenrechte fremd zu sein scheint usw. Es ist am Tage, dass man das Gewissen der Menschen manipulieren und radikalisieren kann, verwirren, in die Irre führen. Grausige Beispiele werden uns in den Medien immer wieder vor Augen gestellt. Auch wenn man im Prophetenbuch des Micha liest, Zeitgenosse des Amos oder Jesaja, so sind die Prophetenworte voll von der Klage Gottes über vielfältiges Unrecht: Unterdrückung der Armen, Korruption, Machtgier usw. Umso dringlicher die Frage, woran sich unser Gewissen binden soll! Eine Frage nach dem Menschsein des Menschen.

Micha gibt eine klare Richtung vor: Gottes Wort halten und Liebe üben! Da ist Micha ganz eindeutig, da war Jesus ganz eindeutig, da war Luther ganz eindeutig: das Wort Gottes, dem wir folgen sollen, ist ein Wort der Liebe. Zerstörerische Lebenspraxis nennt die Bibel mit dem Wort **Sünde**. Ein leider etwas missbrauchtes Wort, moralisch abgenutzt, in schwarze Pädagogik umgemünzt, in der Werbung verharmlost, im Karneval lustig gemacht - aber es meint etwas sehr hilfreiches.
Eins der Worte in den Schriften Israels, unserem Alten Testament, das mit „Sünde“ übersetzt wird hat vom Wort her die Bedeutung: ein Ziel verfehlen, oder auch: das Nicht-Erreichen des eigentlich Beabsichtigten, vom Weg abkommen, sich verirren. Woran zu messen? Das Ziel, die Bestimmung des Menschen, so die Bibel in vielfacher Weise, ist das Leben in Gemeinschaft mit unseren Mitmenschen und mit Gott. Darin sind wir menschlich. Einprägsam in der Antwort Jesu auf die Frage nach dem höchsten Gebot: Liebe Gott von ganzem Herzen und deinen Mitmenschen, so wie du dich selber liebst.

Wenn ich diese Beziehung zu Gott und meinen Mitmenschen – absichtlich oder unwissentlich – verfehle, so nennt die Bibel dies Sünde. Sünde meint also: Ich verfehle die Bestimmung als Mensch in Gemeinschaft mit Gott und meinem Nächsten zu leben. Daher kann Paulus und Luther, der sich in seiner Theologie besonders auf Paulus bezog, sagen: Die Sünde ist etwas, von dem wir alle infiziert sind, weil wir alle immer wieder von dem Weg abweichen – ob so offensichtlich wie in den schrecklichen Beispielen, die uns von Terror und fanatischem Hass erreichen oder eher unwissentlich. Wir verfehlen immer neu diese Beziehung zu Gott und dem Nächsten. In der Welt, in unserer Lebenszeit sind wir der Ambivalenz ausgesetzt- menschlich oder unmenschlich zu sein.

Warum ist das so? Warum sind wir nicht auf das Gute programmiert? Weil wir als Geschöpfe Gottes nicht Marionetten sind in seiner Hand, sondern in die Freiheit gesetzt sind. Als Marionetten bräuchten wir kein Gewissen. Die Liebe Gottes wartet auf unsere freie Antwort, nicht gezwungen – was wäre das für eine Liebesbeziehung, wo einer den anderen wie an Stellschrauben so ausrichtet, wie er es möchte. An diesem Missverständnis scheitern leider so manche Liebesbeziehungen. Gott hat uns Menschen in eine freie Liebes-Beziehung gesetzt, die wir eben auch verfehlen können. Das ist die Dramatik in vielen Bibeltexten, mit der schlimmsten Konsequenz, dass mit Jesus die Liebe Gottes ans Kreuz geschlagen wurde.

Gott hat uns Menschen in eine freie Liebes-Beziehung gesetzt, die wir eben auch verfehlen können.

Wie nun weiter? Folgen wir noch einmal Luther, er hatte eine einprägsame Formulierung für unser Dilemma: *simul justus et peccator* - zugleich gerecht und Sünder. Zum einen, was wir schon sagten, wir kommen aus diesem Dilemma nicht heraus, immer wieder auch bei bestem Willen, unsere Bestimmung als Mensch zu verfehlen. Peccator - Sünder. Das könnte uns in die Resignation führen: es hat keinen Sinn, sich anzustrengen, auf das Gewissen zu hören usw. Aber da gibt es nun das andere Wort „justus“ – Luther meint damit, nun zusammen mit Jesus, Paulus, allen biblischen Überlieferungen – wenn du an der Sünde verzweifelst, richte deinen Blick auf das, was Gott für dich tut.

Es gibt ein Wort, das dem Wort Gewissen ähnlich ist oder sogar in ihm steckt: gewiss. So wie Luther eine Stelle im Römerbrief übersetzt, wo Paulus schreibt: **Ich bin gewiss,** das weder Tod noch Leben, Mächte oder Gewalten oder was auch immer mich trennen kann von der Liebe Gottes (Kap 8). Eine solche Gewissheit ist Ausdruck des Glaubens.
Ja, ich soll darauf hören, was gut ist und was Gott in seinen Geboten von mir fordert, ich soll mich mühen, in meinem Lebensalltag dem Wort Gottes zu entsprechen, vor allem in der Liebe zum Nächsten. Deswegen ist es gut und richtig, wenn sich unsere Kirche kräftig engagiert im sozialen Bereich, im Bildungsbereich, in Angeboten für Kinder und Jugendlich, ach eigentlich für alle Generationen: Hilfen zur Gewissensbildung und –schärfung.

Nun noch einen Blick auf den Schluss des Prophetenwortes:

und demütig sein vor deinem Gott.

Die Zuwendung Gottes macht uns frei von Selbstüberhebung und Selbstsicherheit. Demütig sein heißt doch: sich beschenken lassen, ein empfangener und dankbarer Mensch zu sein als Antwort auf die uns suchende Liebe Gottes. Und die Gewissheit des Glaubens macht uns frei zu tätigen Menschen zu werden. Liebe üben und die Menschlichkeit des Menschen bewahren. Dazu helfe uns Gott in der Kraft seines Geistes.

AMEN

Ohne Werke gerecht

„Weil wir wissen, dass der Mensch durch Werke des Gesetzes nicht gerecht wird, sondern durch den Glauben an Jesus Christus, sind auch wir zum Glauben an Christus Jesus gekommen, damit wir gerecht werden durch den Glauben an Christus und nicht durch Werke des Gesetzes; denn durch Werke des Gesetzes wird kein Mensch gerecht."

Gal 2,16

Wer spricht unser Leben gerecht? Wer wird am Ende unseres Lebens sagen: Es war recht, wie sie, wie er gelebt hat? Als Kind hing lange Jahre über meinem Bett ein Bild vom Jüngsten Gericht, ich weiß nicht genau, aber vermutlich eine Reproduktion eines der mittelalterlichen Bilder vom Ende der Zeiten. Da stand der Gerichtsengel mit der Waage in der Hand und eine Schale mit den Seelen, deren Leben zu leicht befunden wurden, war oben. Da griffen die Dämonen und Monster nach den armen Seelen. Bei der tiefen Schale, wo das Leben der Seelen als schwer genug befunden wurde, standen die Engel und führten in das Paradies. Das Leben der einen wurde gerecht gesprochen, bei den anderen genügte nicht, wie sie ihr Leben geführt hatten. Eher wohl unbewusst hing über meinem Bett in dieser apokalyptischen Vorstellungswelt eine zentrale Frage christlichen Glaubens: Wer spricht mein Leben gerecht und warum?

Jahrhunderte lang hat in der jüdisch-christlichen Theologie und Frömmigkeitspraxis die Menschen diese Frage bewegt: Wie wird das Urteil am Ende meines Lebens ausfallen und vor allem: WER wird das Urteil sprechen, wer spricht mich am Ende gerecht? Nein das war eigentlich klar, wer da sprechen wird: Wir müssen alle offenbar werden vor dem Angesicht Gottes, aber wie wird sein Urteil ausfallen? Weil von dem Ausgang viel abhing – ewige Seligkeit, Erlösung, Friede, glückliches Leben mit Gott – oder Verdammnis, Urteilsspruch über mich, Strafen, im besten Fall einfach Nichts.
Auch Paulus war von der Frage nach Erlösung und ewigen Seligkeit umgetrieben. Als Pharisäer war er schriftkundig genug, die Antwort zu wissen: Das Urteil wird sich daran richten, wie wir die Tora befolgt haben. Nur eine strikte Befolgung der Gebote Gottes, des Gesetzes kann Hoffnung machen auf einen gnädigen Richter. Erst die Begegnung mit dem Auferstanden Christus hat seine Perspektive radikal verändert.

Im 16.Jh wurde unser Reformator, Martin Luther, von eben dieser Frage umgetrieben: Wie finde ich einen gnädigen Gott? Und er wäre bei der Suche einer Antwort daran physisch und psychisch fast zugrunde gegangen, bis ihm beim Studium der Paulusbriefe, auch unseres Galaterbriefes, die erlösende Erkenntnis kam. Ja, Gott spricht mein Leben gerecht – aber er spricht es nicht gerecht aufgrund meiner Lebensleistung, meiner Werke, meines Tuns, nicht die genaue Erfüllung der Tora ist ausschlaggebend, sondern **Gott sieht mich mit**

den Augen Jesu an, also mit seinen eigenen liebenden Augen und sagt: Ja, dein Leben hat Bestand vor mir. Nicht aus Werken des Gesetzes werden wir gerecht sondern allein durch den Glauben an Jesus Christus.

Ja, dein Leben hat Bestand vor mir. Nicht aus Werken des Gesetzes werden wir gerecht sondern allein durch den Glauben an Jesus Christus.

Aber wie kommunizieren wir diese grundlegende Einsicht in unserer Zeit? Wen treibt diese Frage nach dem Urteil über mein Leben noch um? Ist die große Befreiung, die Paulus und Luther erfahren haben, in unser Leben vermittelbar? Die Geschäftsgrundlage scheint entfallen, die jahrhunderte lange Selbstverständlichkeit, dass unser menschliches Leben in Beziehung zu Gott zu sehen ist und so zu Würde und Recht kommt. Wenn aber die Analytiker sagen, die religiöse Frage sei weithin bei vielen ganz erloschen, dann läuft die Frage, wie das Urteil Gottes über uns ausfällt, ins Leere - und dies wohl nicht nur bei religionsvergessenen Zeitgenossen.
Dieser scheinbaren Bedeutungslosigkeit entgegen haben wir es derzeit mit politische Entwicklungen in der Welt zu tun, die diese biblische Einsicht wider Erwarten zu einer sehr aktuellen Botschaft machen. Und zwar in Auseinandersetzung mit denen, die diesen Satz des Paulus bestreiten und das Gegenteil behaupten. Nur die genaue Erfüllung des religiösen Gesetzes mache unser Leben gerecht. Und wer sich nicht daran hält, dem wird nachgeholfen und sei es mit Gewalt.
Symbol der Wiederkehr dieser Frage nach dem gerechten Leben ist etwa der 11. September 2001 - die brennenden Zwillingstürme in New York, oder in Afghanistan das Ringen mit den Taliban um die Werte und Normen, die dort gelten sollen. Gleiches hören wir aus etlichen Ländern Afrikas und des Nahen Ostens, wo radikale islamistische Gruppen militärisch an die Macht streben und einen Gottesstaat errichten wollen. Und Gottesstat heißt für sie, die absolute Erfüllung der religiösen Gebote. Nur wer sich genau an die vorgeschriebene Lebensart hält, der darf in Ruhe leben. Wer sich nicht daran hält wird gesteinigt oder mit Stockhieben bestraft, Mädchen haben nicht in die Schule zu gehen, Frauen ihre den Männern dienende Rolle auszufüllen usw. ein Leben unter dem Diktat religiöser Gesetze. Und das göttliche Urteil wird schon hier und heute vollzogen von denen, die sich als Gerechte bezeichnen.

Angesichts solcher Entwicklungen wird etwas von der befreienden Kraft des Evangeliums sichtbar, wie Paulus es hier im Galaterbrief bekräftigt: nicht die Werke des Gesetzes machen uns gerecht, sondern allein der Glaube an Jesus Christus. Wie hat es Jesus in seinem Leben gehalten? Da haben die Jünger am Sabbat Hunger und rupfen Ähren vom Feld. Eine klare Überschreitung des Sabbatgebotes, auf die Jesus hingewiesen wird. Seine Antwort:

> *Der Sabbat ist um des Menschen willen gemacht und nicht der Mensch um des Sabbats willen.*
> Mk 2,27

Das hebt das Gesetz nicht auf, aber Jesus setzt die liebende Sorge um den anderen über die Erfüllung der Gebote. Für viele seiner Zeitgenossen ganz anstößig, denn sie meinten: nur die genaue Befolgung des Gottesgebotes kann unser Leben gerecht macht. Auch Paulus folgte zunächst dieser Logik und wurde zu einem Verfolger der Christen.
Jesus erzählt gerade diesen Leuten ein Gleichnis von so einem Gerechten. Ein religiöser Führer, Pharisäer, der sich im Tempel vorne hinstellt und erhobenen Hauptes vor Gott tritt, ihm dankt, dass er nicht wie Betrüger und Zöllner ist und alle Gebote der Tora zu erfüllen sucht. Und er ist sich sicher: Mein Leben muss in deinen Augen, Gott, gerecht sein. Und hinten steht der Zöllner, der nicht wagt sein Gesicht zu heben, sondern sich an die Brust schlägt und sagt: Gott sei mir Sünder gnädig. Und Jesu Urteil:

> *Dieser geht gerechtfertigt nach Hause.*
> Lk 18,9 ff

Oder der Sohn, der sein Erbe verprasst hat und nach Recht und Gerechtigkeit des Gesetzes alles verspielt hat, was ihm zusteht. Er kommt zerlumpt und kaputt nach Hause und sein Vater? Er rennt ihm entgegen und macht die Arme auf und jubelt, dass der Sohn wieder da ist, ganz zum Verdruss seines auf Recht und Gerechtigkeit pochenden Bruders.
Diese Interpretation des Gottes-Willen hat Jesus mit seine Leben bezahlen müssen. Das Gesetz hatte scheinbar gewonnen über die Liebe, die den Menschen über das Gesetz stellte – aber angesichts des Kreu-

zes kann Paulus hier jubeln: Gott hat sich zu seinem Sohn bekannt, ja zu sich selbst, unser Leben wird von dem gerecht gesprochen, der uns mit den Augen Jesu ansieht.

Die Gewissheit des Glaubens, dass Gott mich in meinem Tod und alle Welt am Ende der Zeiten gerecht sprechen will ist zugleich eine große Befreiung für mein Leben hier und jetzt. Damit sind anderen Ansprüche aufgehoben, die mich nach meinen Werken beurteilen wollen oder gar verurteilen. Weder die Logik des Kapitalmarktes, die meine Brauchbarkeit bescheinigt und mich als (noch) nützlichen Teil der Gesellschaft ausweist, weder die Ökonomie mit ihren Gesetzen, denen wir uns zu fügen haben, noch irgendwelche religiösen Pflichten können das Urteil über mich sprechen, auch keine sogenannten gesellschaftlichen Zwänge!
In letzter Konsequenz möchte ich nicht beurteilt werden nach dem , was ich leiste, mache, tue, zu Stande bringen – dazu weiß ich genug über meine Schwächen, Fehler, Engherzigkeit usw. – sondern ich möchte, dass sich der liebende Blick Gottes auch spiegelt in den liebenden Augen der Menschen, mit denen ich lebe. Und ich will auch in dieser Perspektive die ansehen, mit denen ich zu tun habe.
Die liebevolle Hinwendung zum anderen, zur anderen befreit aus den Zwängen der Gesetzlichkeit. Das ist nicht immer leicht in unsere Lebenspraxis umzusetzen. Das muss man als Eltern in der Erziehung lernen, dass die Liebe größer ist als die festgelegten Normen und Regeln, wie sinnvoll sie auch sind. Das ist in der Partnerschaft zu üben, im Umgang in der Öffentlichkeit, im Geschäftsleben usw. – die liebevolle Zuwendung zum anderen/ zur anderen geht über alle sinnvollen Regeln, Normen und Gebote hinaus, wenn es darum geht, das Leben zu fördern und zu stützen.

Nochmals: Das Vertrauen auf den liebenden Blick Gottes mit den Augen Jesu hebt die Gebote als Lebensweisung nicht auf. Sie wollen die Leuchte auf meinem Weg bleiben, die wollen mir Richtung und Ziel geben. Ja es bleibt uns aufgegeben, von den Geboten Gottes her über die ethischen Maßstäbe unserer Zeit immer neu nachzudenken und nach ihrem lebensdienlichen Charakter zu befragen. Nicht immer leicht ist diese Abwägung, etwa bei den Möglichkeiten moderner Medizin in der vorgeburtlichen Kontrolle des werdenden Lebens; oder bei der Suche nach einer gerechten Wirtschaftsordnung. Da können wir mit den

Zeitgenossen zusammen am Tisch sitzen und brauchbare Lösungen suchen, auch wenn ihnen die religiösen Dimensionen dieser Fragen verloren gegangen sind. Aber es wäre schon gut, wenn sie uns nicht verloren gehen und unser Handeln und Entscheiden in dieser Gottes-Perspektive geschehen. So ist die Gewissheit des Glaubens, dass das Ende meines Lebens wie auch das Ende der Zeiten in Gottes Hand liegen nicht Vertröstung in ein Jenseits, sondern schenkt die Freiheit, jetzt und heute aus der Liebe zu leben Und um unsere Kinder in diese Lebensperspektive einzuüben braucht es dann wohl nicht mehr ein Bild vom apokalyptischen Endgericht über den Betten.

AMEN

Ewige Treue

„Es sollen wohl Berge weichen und Hügel hinfallen, aber meine Gnade soll nicht von dir weichen, und der Bund meines Friedens soll nicht hinfallen, spricht der Herr, dein Erbarmer.“

Jesaja 54,10

Ein starkes Bild von der Zuversicht auf die Treue Gottes. Gesprochen zu Menschen, die eher eine andere Erfahrung gemacht haben. Der Prophet redet in der Zeit des Babylonischen Exils. Das Volk Israel hat eine Katastrophe hinter sich, Deportation in das Land der Sieger, der Tempel zerstört, Chaos. Die Erfahrung der Israeliten ist eher so: Wir haben gerufen, Gott hat nicht gehört; wir haben auf seine Gegenwart gehofft, sind aber in der Fremde, wo andere Götter sich mächtig zeigen. Uns geht es nicht gut!

Ja, sagt ihnen der Prophet, ihr habt ja recht mit eurer Befindlichkeit. Aber dennoch lässt Gott durch mich verkünden: Ich will meine Gnade nicht von euch wenden, will meinen Bund mit euch nicht verlassen.

Aber wo ist die Alltagserfahrung, die solch Vertrauen stützt, die Realität des Lebens ist doch anders, wo ist Gott deine Hilfe, dein Erbarmen, dein Frieden? Sind das nicht alles nur große Worte, die dem Leben nicht standhalten?

Dieser Widerspruch zwischen Verheißung und Erfahrung ist doch eine Spannung, die auch für unser Leben heute als Christen ganz real ist. Wie gehen wir damit um? Auch wir nutzen diese großen Worte, besonders auch im Gottesdienst, in der Liturgie, in unseren Gebeten – Heil, Rettung, Barmherzigkeit, Gnade, Frieden, Liebe – alles große Worte, aber haben sie eine Anhalt an unseren Erfahrungen? Unser Leben, unsere Welt ist doch nicht so barmherzig, gnädig, friedvoll, liebenswert. Wie kommen wir als Christen zurecht mit dem Unterschied zwischen unserer Verkündigung von Frieden, Gnade, Barmherzigkeit, Gerechtigkeit, Liebe und dem doch so anfälligem, zerbrechlichem Leben?
Bei der Suche nach einer Antwort sind mir Menschen eingefallen, über die ich staune. Da erfährt jemand eine starke Kränkung in seiner Partnerschaft oder in der Freundschaft und er reagiert nicht verbittert; da eröffnet der Arzt eine schlechte Prognose und dennoch zerbricht der Patient nicht, sondern zeigt eine erstaunliche innere Kraft, damit umzugehen; da ist ein Mensch von persönlicher Trauer betroffen und dennoch ist er in Lage, andere zu trösten. Menschen müssen bedrängende, verstörende, schwierige Lebenserfahrungen machen und zeigen dennoch eine innere Ruhe, strahlen eine innere Kraft und Hoffnung aus, die wirklich erstaunlich ist. Vielleicht passt ja hier die sprichwörtliche Lebensweisheit:

Die Hoffnung stirbt zuletzt.

Das meint ja offenbar, dass in uns eine Kraft ist, die zum Leben drängt, die gegen allen Augenschein daran festhält, dass es Veränderung geben kann, dass sich die Dinge zum Besseren wenden, dass es sich lohnt, an seiner Hoffnung festzuhalten.
Und wenn sie sich dann doch nicht bewährt, dann kann es zu schlimmen Zusammenbrüchen kommen, dann entstehen existentielle Krisen – von denen die Filme und Romane ihren Stoff holen – aber unser Leben ist kein Film oder Roman, sondern reale Wirklichkeit. Vielleicht stimmt es ja, dass die Hoffnung zuletzt stirbt – aber wenn sie stirbt, was bleibt dann? Eine andere Lebensweisheit sagt: Ohne Hoffnung können wir nicht leben. Ob hier der christliche Glaube ins Spiel kommen kann? Der lebt von der Zusagen, dass der Satz „Die Hoffnung stirbt zuletzt" zwar lebenspraktisch stimmt, aber dennoch nur die halbe Wahrheit ist. Die ganze Wahrheit heißt: Sie muss nicht sterben – auch in der tiefsten Lebenskrise, auch in Tod und Sterben muss die Hoffnung auf Gott nicht sterben.

Die Propheten Israels reden von Gott alltagspraktisch und lebensnah, wo wir eher zögerlich sind. Jesaja sagt seinen Zuhörern: Ja, ihr habt recht, uns geht es nicht gut, wir haben schlimme Erfahrungen machen müssen, aber das ist kein Grund, an Gottes ewiger Treue festzuhalten. Es ist nämlich so, dass Gott nur einen Augenblick lang weggesehen hat. Er hat einen Moment sein Angesicht nicht über euch leuchten lassen – und ohne Gottes Zuwendung geht es euch eben schlecht. Aber an seiner Grundeinstellung zu euch hat sich dadurch nichts geändert. Gott war schlicht und einfach sauer über euer Leben und er hat es nicht mehr ausgehalten mit euch und da hat er sich in seinen Zorn von euch zurückgezogen. Aber dann hat er sich an sein Versprechen erinnert, das er dem Noah gegeben hatte.

Ich habe dich einen kleinen Augenblick verlassen, aber mit großer Barmherzigkeit will ich dich sammeln. Ich habe mein Angesicht im Augenblick des Zornes ein wenig vor dir verborgen, aber mit ewiger Gnade will ich mich deiner erbarmen, spricht der Her, dein Erlöser. Ich halte es wie zur Zeit Noahs, als ich schwor, dass die Wasser Noahs nicht mehr über die Erde gehen sollten. So habe ich geschworen, dass ich nicht mehr über dich zürnen und dich nicht mehr schelten will.
Jes 54, 7-9

Der Prophet traut sich, von einem inneren Ringen in Gott selber zu reden. Er hat sich im Ärger abgewandt mit schlimmen Folgen und dann hat Gott dies ohne euch nicht mehr ausgehalten und dem inneren Impuls zur Gnade nachgegeben. Ja, ich bleibe bei euch, eher sollen die Berge hinfallen, als dass ich mich ganz von euch abwende.
Die Botschaft des *Zweiten Jesaja* (Kap 40-55) ist eine Freudenbotschaft – so beginnt sein Buch: Wie lieblich sind die Füße des Freudenboten, die über die Berge eilen. Seine Zugewandtheit zu den Menschen, seine tröstende und aufrichtende Botschaft unter den Menschen im Exil speist sich offenbar aus einem tiefen Urvertrauen auf Gott. Wenn wir uns von diesem Grundvertrauen auf Gottes liebevolle Zugewandtheit infizieren lassen, dann öffnen sich neue Perspektiven auf unser Leben und die in vielem bedrohte Welt. Angesichts von Hungersnot und Elend, Kriegsgeschrei und Diktatoren, Flüchtlingskrisen und Umweltbedrohungen, habgierigem Geilen nach Geld und Macht – wie lässt sich das Vertrauen darauf durchhalten, dass Gott sich nicht abgewandt hat?

Der Zweite Jesaja hatte den Regenbogen als Symbol für Gottes Versprechen, die Welt nicht im Stich zu lassen. Der christliche Glaube hat das Kreuz, das er sich vor Augen stellen kann als Gottes Versprechen, auch im tiefsten Leid gegenwärtig zu sein und sogar dem Tod die letzte Macht zu nehmen. Wir singen in Osterliedern, dass der Tod überwunden ist. Tod wo ist dein Stachel, Hölle, wo ist dein Sieg? (1.Kor 15,55) Die Osterwirklichkeit verdrängt nicht die Erfahrung des Leidens, des Schmerzes, der Zerbrechlichkeit und Unfertigkeit unseres Lebens, aber wir bekommen einen anderen Blick darauf. Ob das bei manchen der Menschen, von denen ich vorhin erzählte, der Grund ihrer Kraft und Zufriedenheit und ihres Mutes ist? Ja, es sollen eher Berge hinfallen und Hügel auf Wanderschaft gehen, ehe ich meine Gnade von euch nehme.

Beim Apostel Paulus finden sich in seinen Briefen nicht nur komplizierte Glaubenslehren, sondern er kann die Befindlichkeit des Glaubens recht eindrücklich benennen z.B. im 2. Brief an die Korinther:

> *Wir sind von allen Seiten bedrängt, aber wir ängstigen uns nicht. Uns ist bange, aber wir verzagen nicht. Wir werden unterdrückt, aber wir kommen nicht um.*
> 2.Kor 4,7-9 i.A.

Und wieso? Da argumentiert Paulus vom Zentrum unseres Glaubens her: Wir haben Teil am Leiden und Sterben Jesu und deswegen haben wir auch Teil an seiner Auferstehung und seinem Leben.
Diese Glaubensgewissheit ist es, die uns mit dem Propheten Jesaja zusammenschließt in der Zuversicht auf Gottes Treue und uns begleitende Gegenwart. Das stärkt, aktiviert, tröstet, trägt auch in der Zerbrechlichkeit des Lebens. Die Hoffnung stirbt zuletzt? Nein, sie muss um Gottes Willen überhaupt nicht sterben. Und am Ende jeden Gottesdienstes bekommen wir es als Segen zugesprochen, dass Gott sein Angesicht nicht vor uns verbergen will, auch nicht einen kleinen Moment lang:

> *Der Herr segne und behüte Dich, der Herr lasse sein Angesicht leuchten über dir und sei dir gnädig, der Herr erhebe sein Angesicht auf dich und schenke dir Frieden.*

> AMEN

Versöhnte Vielfalt leben

„So wird jede/ jeder von uns vor Gott Rechenschaft über sich selbst geben müssen."

Römer 14,12 (Zitate nach der „Basisbibel" 2012)

Im 14. Kapitel seines Briefes nach Rom ist der Apostel Paulus mit einer Anfrage der Gemeinde beschäftigt. Darf man als Christ Fleisch essen? Wenn Ja, sollte man es auch tun oder besser als Vegetarier leben?

Der eine glaubt, er darf einfach alles essen. Aber wer unsicher ist, beschränkt sich darauf, Gemüse zu essen.
V. 2

Der Römerbrief gilt bekanntlich als schwere theologische Schrift des Apostels in der er grundlegende Fragen des Glaubens behandelt! Fleisch essen oder nicht – ist das eine Frage des Glaubens? Für manche Vegetarier schon, aber ist es eine wichtige Frage des christlichen Glaubens?

Wer alles isst, soll den nicht verachten, der nicht alles isst. Und wer nicht alles isst, soll den nicht verurteilen, der alles isst. (V.3)... Wer alles isst, tut dies, um den Herrn zu ehren. Und er dankt Gott bei seinem Mahl. Auch wer nicht alles isst, tut das, um den Herrn zu ehren. Und auch er dankt Gott bei seinem Mahl
V. 3 und 6

Ist also beides möglich? Muss ich das nun selber entscheiden, was ich gottgemäßer finde? Ja, bei Paulus ist das so gemeint. Seine Bitte ist nur:

Jeder soll fest zu seiner eigenen Auffassung stehen!
V. 5

Solche Freiheit war den Verantwortlichen in der Kirche bald nicht ganz geheuer und sie begannen klare Regeln aufzustellen und Verhaltensformen festzulegen. So und so hat man als Christ/in zu leben, anderes wird sanktioniert. Brauchen wir klare Vorgaben für eine dem Glauben gemäße Lebenspraxis? Vielleicht lebt es sich ja auch einfacher mit solchen klaren Vorgaben, zumindest, wenn sie nicht ganz den eigenen Wünschen widersprechen.

Die Aufforderung zum eigenen Nachdenken und begründeten Urteilen gehört zu unserem Glauben. *Wir sind vor Gott eigenverantwortlich,* oder mit den Worten des Paulus in unserem Brief

So wird jede/ jeder von uns vor Gott Rechenschaft über sich selbst geben müssen.
V. 12

Aber wir wissen auch, dass wir keine Einzelwesen sind. Wir haben eine Geschichte mit anderen Menschen zusammen. Wir sind verstrickt in Geschichten mit anderen, mit den wir leben. Das macht uns als Menschen aus. Die Rechenschaft über uns selbst ist daher – jedenfalls biblisch-christlich – immer auch Rechenschaft über diese Geschichten. In welche Geschichten waren und sind wir eingebunden – oder eben auch nicht?
Das war offenbar auch das Fleischproblem der ersten Gemeinden. Warum konnte das Essen von Fleisch damals nicht gottgefällig sein? Es könnte aus Versehen Fleisch dabei sein, in dem noch Blut ist, für Ju-

den ein schlimmer Gedanke, verbunden mit der Gefahr, gegen die kultischen Reinheitsvorschriften der eigenen Glaubensgemeinschaft zu verstoßen und damit aus der gemeinsamen Geschichte herauszufallen. Oder es könnte sich bei dem Fleisch um Tiere gehandelt haben, die Göttern geopfert wurden und deren Fleisch nun auf dem Markt verkauft wird. Gibt man damit nicht nachträglich diesen Göttern und Götzen die Ehre? Bleiben wir verstrickt in die Geschichte mit diesen Göttern, wo wir doch durch die Taufe davon befreit wurden?

Nun verhandelt Paulus diese Fleischprobleme gar nicht im Einzelnen. Er will auch an diesem speziellen Beispiel betonen: Die Freiheit des Einzelnen darf nicht zu einer Spaltung der Gemeinde führen.

Du darfst doch Gottes Werk nicht wegen einer Frage des Essens zerstören.
V. 20

und noch grundsätzlich:

Du Mensch, was bringt dich nur dazu, deinen Bruder oder deine Schwester zu verurteilen? Und du Mensch, was bringt dich dazu, deinen Bruder oder deine Schwester zu verachten? Wir werden doch alle vor dem Richterstuhl Gottes stehen!
V. 10 f

Den anderen nicht zu verurteilen in seiner Praxis des Glaubens meint doch auch, offen zu bleiben für das Gespräch, für gemeinsam geteilte Erfahrungen. Das scheint dem Paulus besonders am Herzen zu liegen: Lass die gemeinsame Praxis in der Gemeinde nicht abbrechen. Sein große Sorge ist, dass die Gemeinschaft der Gemeinde zerbricht, die doch nicht durch uns hergestellt wird:

Keiner von uns lebt nur sich selbst und keiner stirbt nur für sich selbst. Denn wenn wir leben, leben wir dem Herrn. Und wenn wir sterben, sterben wir dem Herrn. Und wo wir also leben oder ob wir sterben, immer gehören wir dem Herrn!
V. 8

Die Fleischfrage erfordert nun offenbar doch eine grundlegende Antwort. Nirgends sagt Paulus, es wäre letztlich egal, wie der lebt, der zur

Gemeinschaft mit Christus gehört. Nur das Urteil darüber, dass sprechen nicht wir. Die Entscheidung, ob diese oder jene Lebenspraxis gottgefällig ist, sollen wir in aller Bescheidenheit dem überlassen, von dem wir bekennen: Er wird kommen zu richten die Lebenden und die Toten. Und wichtig ist dabei, dass diese Formulierung im zweiten Teil unseres Glaubensbekenntnisses steht, der bekanntlich so beginnt: Ich glaube an Jesus Christus.

> *Denn das ist der Grund, warum Christus gestorben ist und wieder lebendig wurde: Er sollte Herr sein über die Toten und die Lebenden.*
> V. 9

Im Philipperbrief zitiert Paulus einen Christus-Psalm, in dem es entsprechend heißt:

> *Dass in* **dem Namen Jesu** *sich beugen sollen alle Knie, die im Himmel und auf Erden sind und alle Zungen bekennen sollen, dass Jesus Christus der Kyrios ist.*
> V. 10 f

Nicht der römische Kaiser, nicht ein selbst ernannter Diktator, nicht brutale Machtmenschen, nicht selbsternannte Gotteskrieger als Richter über Leben und Tod, nein der Kyrios, der Herr, ist Jesus der Christus. Er will unsere Lebensgeschichte bestimmen.
Den Christuspsalm leitet Paulus mit den Worten ein:

> *Seid unter euch so gesinnt, wie es der Gemeinschaft mit Jesus Christus entspricht.*
> V. 5

Das meint nun nicht, das all der gleichen Meinung sein müssen, dass es nur eine anerkannte Lebenspraxis geben kann, sondern lässt durchaus sehr unterschiedliche Lebenspraxen zu: der eine meint, alles essen zu dürfen und dankt Gott für die Gaben; ein anderer entscheidet mit für ihn einsichtigen Gründen, nicht alles zu essen und auch er dankt Gott für seine Gaben. Diese Entscheidungen hebt Paulus nicht auf, diese Verschiedenheit ist auszuhalten, wenn dadurch die Gemeinschaft untereinander nicht zerbricht, die doch durch Christus gestiftet ist. In der Gemeinde Jesu ist es möglich, Verschiedenheit zu leben, weil

sie nicht zur Trennung führt, solange ich mich nicht zum Richter über andere aufschwinge.
Wer den Römerbrief liest merkt, welches Potential durch Gottes Handeln in Christus in die Welt gekommen ist. Mit der Lebensgeschichte des Jesus von Nazareth hat Gott heilsam seine Geschichte mit unseren Geschichten verbunden. Leben in Vielfalt gehört zum Urverständnis christlichen Lebens, weil wir alle durch Gott in Christus versöhnt sind. Das führt nicht zu Eintönigkeit, sondern in die Fülle des Lebens!

Diese Frohe Botschaft ist leider in der Geschichte und Gegenwart der Kirche oft verdunkelt worden, aber das hebt sie nicht auf. Es ist nicht immer leicht, Vielfalt zu leben und das muss von Zeit zu Zeit auch in der Kirche diskutiert und erstritten werden. Die Botschaft von versöhnter Vielfalt wird dringend gebraucht in einer Zeit zunehmender Vielfalt und gelebter Unterschiede; in einer Zeit, wo Menschen wieder lieber Mauern errichten als sich der Vielfalt auszusetzen. Nachdem Paulus das Thema lang erörtert hat beendet er sein Nachdenken mit dem Hinweis:

Das, was dem Frieden dient und uns als Gemeinde aufbaut – das ist es, wofür wir uns einsetzen wollen.
V. 19

AMEN

Vom Nehmen und Geben

Erntedank

„Einen fröhlichen Geber hat Gott lieb."

2.Kor 9,6-15

Paulus hatte bei der Apostelversammlung im Jahre 48 versprochen, in den Gemeinden, die durch seine Missions-Arbeit entstehen, für die arme Gemeinde in Jerusalem Geld zu sammeln. Und das tat er auch. Um diese Sammlung anzukurbeln schrieb Paulus einen Brief an die Gemeinde in Korinth. Und darin steht der bekannte Satz:

> *Einen fröhlichen Geber hat Gott lieb.*
> V. 7

Und da dieser Briefabschnitt am Erntedankfest gelesen wird, ist die Aufforderung eindeutig: unser Dank für die Ernte des Jahres zeigt sich im Geben. Und zwar im großzügigen Geben, so wird Paulus das „fröhlich" doch wohl gemeint haben.

Wer da kärglich sät, der wird auch kärglich ernten; und wer da sät im Segen, der wird auch ernten im Segen. Ein jeder, wie er's sich im Herzen vorgenommen hat, nicht mit Unwillen oder aus Zwang; denn einen fröhlichen Geber hat Gott lieb. Gott kann auch machen, dass alle Gnade unter euch reichlich sei, damit ihr in allen Dingen allezeit volle Genüge habt und noch reich seid zu jedem guten Werk....So werdet ihr reich sein in allen Dingen, zu geben in Einfalt, die durch uns wirkt Danksagung an Gott. Denn der Dienst dieser Sammlung hilft nicht allein dem Mangel der Heiligen ab, sondern wirkt auch überschwänglich darin, dass viele Gott danken. Denn für diesen treuen Dienst preisen sie Gott über euren Gehorsam im Bekenntnis zum Evangelium Christi und über der Einfalt eurer Gemeinschaft mit ihnen und allen. Und in ihrem Gebet für euch sehnen sie sich nach euch wegen der überschwänglichen Gnade Gottes bei euch. Gott aber sei Dank für seine unaussprechliche Gabe.

V. 6-15

Also, einen fröhlichen Geber hat Gott lieb. In diesem Satz bringt Paulus zwei Dinge zusammen: einen Menschen, der gerne gibt (was auch immer) und Gott, der daran Gefallen hat. Damit ist der Satz ein theologischer Satz. Paulus wäre nicht Paulus, wenn er nicht eine weltliche Sache - Geld sammeln für eine bedürftige Gemeinde – theologisch gewichtet, also in eine Beziehung setzt zu Gott.

Theologisch reden meint dabei zunächst ganz einfach, unsere Alltagserfahrungen, unser Alltagswissen, unsere Lebenspraxis in eine Beziehung zu Gott stellen. Und zwar auch da, wo manche vielleicht meinen, es passe nicht: wenn es um das Geld geht. Und das kann jede und jeder von uns, unser Leben in eine Beziehung zu Gott setzen und darüber nachdenken, was das für eine Beziehung ist. Wer sein Leben in dieser Weise mit Gott zusammen-spricht, treibt Theologie.

Luther hat das zugespitzt so formuliert: Jeder, der aus der Taufe kriecht, ist zugleich ein Pfarrer, Priester, ein Bischof, ja ein Papst – na ja, das muss nicht sein - aber die Richtung stimmt.

Also theologisieren wir jetzt miteinander, oder sehen dem Paulus über die Schulter, wie er das nun macht. Wie setzt er die Geldsammlung, für die er wirbt, in eine Beziehung zu Gott und welche Auskunft erhalten wir da über Gott?

Nachdem er aufgefordert hat, reichlich zu geben, führt er Gott ein und sagt: Der Geber der Gaben seid eigentlich gar nicht ihr, sondern Gott ist der Geber. Er will in seiner Gnade euch so reichlich beschenken,

dass ihr in allen Dingen allzeit volle Genüge habt und reich seid zum gutem Werk.
V. 8

So argumentiert Paulus: Ich bitte euch zu geben, aber bedenkt doch einmal: Wovon lebt ihr eigentlich? Wer macht eure Hände, euer Leben reich, damit ihr genug zum Leben habt? Hier unterscheidet sich die Antwort des Theologen bzw. des Christen von anderen Antworten. Da heißt es: durch meiner Hände Arbeit habe ich mir mühsam alles erarbeitetet usw. Der Christ Paulus ermuntert die Gemeinde in Korinth, Gott als den Geber der Gabe des Lebens zu bekennen und ihm zu danken.
Und genau das wird eure Gabe bewirken. Die Christen in Jerusalem werden nicht nur euch danken, dass ihr ihren Mangel beendet oder lindert, sondern sie werden um euretwillen Gott danken, sie werden Gott preisen, weil ihr so handelt.
Der theologische Gedanke des Paulus ist also: Der Geber aller Gaben des Lebens ist Gott, dafür könnt ihr Gott loben und indem ihr fröhlich davon weiter gebt, wird sich das Lob Gottes weiter potenzieren. Der Dank an Gott wird sich vermehren und vermehren:

Der Dienst dieser Sammlung hilft nicht allein dem Mangel der Heiligen ab, sondern wirkt Danksagung an Gott.
V. 12

Wenn ich vom speziellen Fall der Geldsammlung absehe, dann ist das eine gute Begründung für jedes kirchliche Ehrenamt. Jede/ jeder, der da tätig ist, also von seinen Gaben etwas fröhlich weitergibt bewirkt damit nicht nur, dass der Mangel des anderen gelindert wird, sondern das Menschen, denen geholfen wird, Gott loben und danken.
Vielleicht dürfen wir die Dankbarkeit zu Gott einmal ganz weit fassen. Die Dankbarkeit betrifft dann nicht nur die Menschen, die in ihrem Gebet oder in ihrem Herzen Gott in den Dank einbeziehen, also bewusst von Gott reden und sich ihm zuwenden. Das Gotteslob geschieht auch überall dort, wo Menschen getröstet sind, wo Tränen trocknen, wo Schultern sich wieder aufrichten, weil eine Last abgenommen wurde. Der Dank zu Gott ereignet sich dann auch da, wo ein Blumenstrauß am Fenster den Kranken erfreut (und die mit im Zimmer liegen vielleicht auch), wo Menschen im Winter eine Schlafplatz finden, wo Be-

dürftige eine Mahlzeit bekommen und wenn sie vom Tisch aufstehen einfach „Danke" sagen, nicht „Danke Gott", sondern einfach Danke. Das Lob Gottes ereignet sich überall, wo in dieser Weise Leben erleichtert, gestützt, ermöglicht wird.
Warum können wir das so weitherzig verstehen? Weil wir in der christlichen Gemeinde Gott als Schöpfer des Lebens bekennen, der es regnen lässt über Fromme und Unfromme, damit das Leben blühen kann. Gutes tun und miteinander teilen geschieht doch nicht nur innerhalb der Gemeinde. Ganz generell gilt: Da wo Gutes getan wird, da, wo geteilt wird, geschieht etwas, was Gott gefällt.

Wenn wir Gott den Heiligen Geist bekennen, der Leben schafft und erhält, dann können wir theologisch nicht nur unser Leben, sondern das Leben aller Menschen in eine Beziehung zu Gott setzen. Wir können dann so sagen: Was an Gutem geschieht, dürfen wir auch als Lob an Gott, als Dank gegen Gott verstehen, unabhängig davon, ob die Beteiligten es auch so sagen (es sind nicht alles Theologen). Das bedeutet, dass das Lob Gottes auch außerhalb der Gemeinde erklingt und vermehrt wird, immer da, wo Tränen getrocknet werden, Menschen geholfen wird, Wunden geheilt werden, Versöhnung ermöglicht wird usw.
Ist das nicht eine gute Erklärung, warum wir Erntedankfest feiern? Die Gaben zu Ernte-Dank sind natürlich auch die Ernte der Felder und Äcker – aber die Ernte, von der wir leben, ist viel umfassender. Wir als christliche Gemeinde sind dadurch, dass auch andere Gutes tun und teilen und geben nicht entlastet, sondern eher angespornt. Mehr noch: Als Kirche könnten wir in der Gesellschaft ein Beispiel geben, vielleicht gar Vorbild sein, wie das mit den Gaben des Lebens gemeint ist. Die Not des Lebens, die Zerwürfnisse der Welt sind ein kräftiger Impuls, Gutes zu tun und zu teilen, sich zu engagieren und mit seine Gaben zu wuchern.

Da gibt es nämlich noch einen anderen Zusammenhang, über den nur wir als Christen Auskunft geben können. Darauf verweist Paulus wenn er schreibt:

Für diesen Dienst preisen sie Gott über euren Gehorsam im Bekenntnis zum Evangelium Christi.
V. 13

Wenn wir unser Leben mit Gott verbinden, dann verbinden wir uns mit dem Gott, der sich uns in Jesus Christus offenbart hat. Gott

führt uns in Jesus Christus vor Augen, dass sein Leben ein sich verschenkendes Leben ist und die Kraft dieser sich verschenkenden Liebe Gottes so stark ist, dass sie selbst den Tod, der vernichten will, um seinen Erfolg bringt. Gott, so schreibt Paulus, kann in seiner Gnade unter euch diese Gerechtigkeit so groß machen, dass ihr teilbekommt an der Kraft seiner sich verschenkenden Liebe.
Das meint: Ihr könnt fröhliche Geber sein, weil ihr Teilhaber seid an der überfließenden Liebe Gottes, die Euch sogar beschenkt mit einer Liebe, die über den Tod hinaus Bestand hat. Da kommt das „fröhliche“ her beim Geben, weil wir uns nicht mehr selber unser Leben absichern müssen. Wir dürfen dankbar aus Gottes Hand **nehmen** und **fröhlich** geben.

AMEN

Printed by Books on Demand GmbH, Norderstedt / Germany